土肥直美の

沖縄骨語り

人類学が迫る沖縄人のルーツ

目次

目次

本書は２０１３年１月23日～２０１３年12月25日に掲載された『琉球新報』連載企画「土肥直美の沖縄骨語り」をまとめたものです。

沖縄骨語り

沖縄人研究の始まり

夢にまで見た西表へ

沖縄で人類学研究を始めて20年になる。

大きな学問の流れの中では、20年はほんの一瞬にすらならないのかもしれない。しかし、現在を生きる人間にとって20年は決して短い時間でもない。振り返ってみて、私はどれだけ沖縄の人骨研究を進めることができたのだろうか。一歩進んだと思った瞬間に次の課題が見えてしまい、結局は課題を増やしただけのようにも思える。

この20年の間、私は沖縄県内の遺跡を中心に、教育委員会の発掘調査で出土した人骨や文部科学省の補助等による学術調査で出土した人骨など、多くの沖縄の人骨調査に関わらせていただいた。また、調査で多くの島々を訪ね、島の人たちと接する機会にも恵まれた。

私は沖縄人の歴史について人骨から多くのことを教わったが、島の人たちからは人間の優しさと強さ、向き合い方、そして沖縄の楽しさ、切なさを教えていただいたような気がする。そして、今、それは私の大きな財産になっているように思う。

沖縄との出会い

初めての沖縄は西表島だった。ずっと憧れていた南の島である。

私は大学時代に生物学を専攻した。当時は分子生物学が華々しく登場し、それまで未知の世界だった新しい分野が無限の可能性をもって輝いているように見えた時代である。

卒業研究のテーマを選ぶ時、当然のことながら、同級生の多くは最先端の新しい研究を選んでいった。私もそんな新しい時代の波に乗れたら乗ってみたかった。しかし、結局、私が選んだのはフィールドワークがやれる生態学だった。体を動かすことが好きだったのと、分子生物学に必須の化学が苦手だったからである。どうも目に見えないものを理解する能力に欠けているようなのである。

生態学は当時もマイナーな分野ではあったが、京都大学のグループがアフリカで始めていた類人猿の研究に憧れた。いつか人類進化の研究に携われる日が来ると良いなと思いながら、毎日、大学構内の農場に這《は》いつくばってマニキュアでマークしたマイマイと格闘していた。西表島で世紀の大発見！　野生のネコが見つかった――というニュースを聞いたのは、ちょうどその頃だったと思う。農場で空を見上げながらそんな島にいつか行ってみたいと思ったものである。

もう一つ、大学時代にかなりのエネルギーを注いだものがある。探検部である。なぜ部活に探検部を選んだかというと、山が好きだったのに、山岳部は女性に開放されていなかったからである。探検部は、女性にも開放されていて、ちょっと泥臭くてマニアックなところが私にも合いそうな気がした。女性部員は1人だけだったにもかかわらず特に違和感もなく楽しめたのは、とにかく山でも海でも洞穴でも、好きなところで目標に挑戦するというところだったからだろう。「知らないことを知る喜び」を文字通り体験させてもらった。

そんな私たちの間でいつも話題になっていたのが、秘境西表島だった。私の恩師の永井昌文先生は探検部の顧問でもあった。沖縄人研究の先駆者として有名な金関丈夫《かなせきたけお》先生（12頁・フィールドノート参照）は、その永井先生の恩師である。今になって考えると、私と沖縄とのつながりはこの頃から始まっていたのかもしれない。ともかくそんなわけで、西表島は私にとっては夢にまで見た島だったのである。

西表島から琉大へ

1991年12月、西表島で人骨が見つかったという噂を聞いて、全く面識もないのに、知り合いの知り合いというだけの伝手《つて》を頼って訪ねていった。まだ九州大学で人骨の研究をしていた頃である。西表島が私を歓迎してくれたかどうかは分からない。しかし、その1年後には琉球大学に赴任することになったので、もしかしたら、呼んでもらえたのかもしれないなどと勝手に思い込んでみたりしている。その時はそんな幸運が私に訪れるとは想像もできなかったのだが。

琉球大学に赴任してから20年、多くの島を訪ね、また遺跡の調査に参加させていただいた。赴任してしばらくはとにかく沖縄の人たちを知りたいという思いで、1人で島を訪ねて回った。沖縄の人たちはどんな顔をしているのだろう、島によって違いがあるのだろうかと。正直なところ、当時は、人骨が好きだと言う罰当たりな変わり者がやってきて困っ

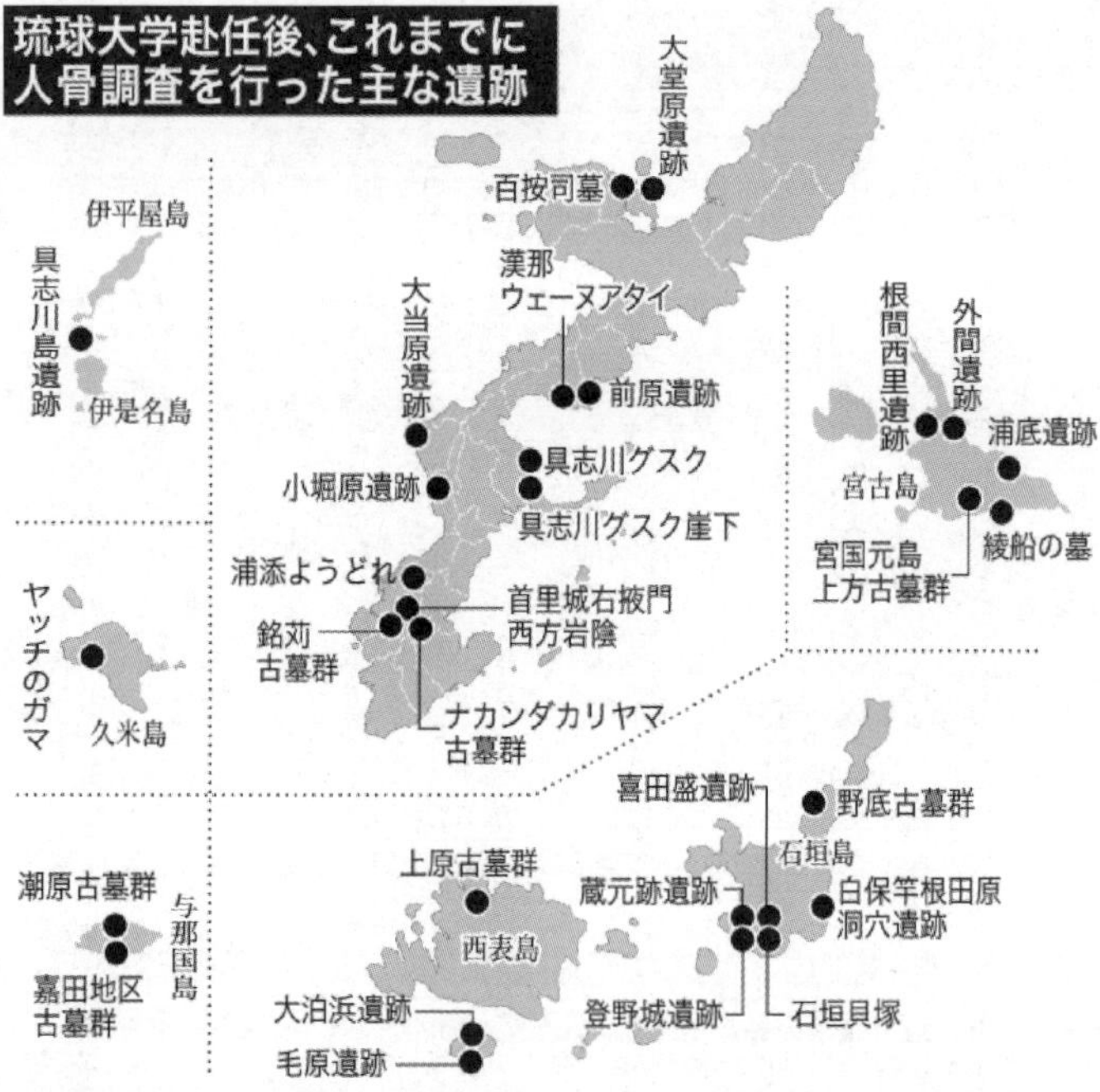
琉球大学赴任後、これまでに
人骨調査を行った主な遺跡
大堂原遺跡
百按司墓
伊平屋島
具志川島遺跡
伊是名島
漢那
ウェーヌアタイ
大当原遺跡
前原遺跡
具志川グスク
小堀原遺跡
具志川グスク崖下
浦添ようどれ
首里城右掖門
西方岩陰
銘苅
古墓群
ナカンダカリヤマ
古墓群
ヤッチのガマ
久米島
根間西里遺跡
外間遺跡
浦底遺跡
宮古島
綾船の墓
宮国元島
上方古墓群
喜田盛遺跡
野底古墓群
石垣島
上原古墓群
蔵元跡遺跡
白保竿根田原
洞穴遺跡
西表島
潮原古墓群
与那国島
嘉田地区
古墓群
大泊浜遺跡
毛原遺跡
登野城遺跡
石垣貝塚

たものだと思われたに違いない。ある時は人類学者を代表して、またある時は日本人（ヤマト）を代表して、さらには出身の熊本が薩摩に近いからと薩摩の分までお叱りを受けたりもした。しかし、それ以上に多くの方たちに助けていただき、応援していただいたことがこの20年の一番の励みになった。

本シリーズでは、これまで沖縄で続けてきた人骨研究を振り返りながら、「沖縄人研究の過去・現在・未来」を最新の成果を交えながらお伝えできればと考えている。

フィールドノート

人類学者・金関丈夫

「弥生人の渡来説」を提唱

金関丈夫《かなせきたけお》（1897～1983）は香川県出身の解剖学者、人類学者である。京都大学医学部卒後、同大助手、助教授を経て、1936年から49年まで台北帝国大学（現国立台湾大学）医学部解剖学教室教授を務めた。琉球列島の人類学研究に深く関わり続け、人類学だけでなく民俗学や考古学に対しても多大な影響を与えている。この間に収集された膨大な人骨資料は、金関門下だった蔡錫圭台湾大学名誉教授等の尽力により大学内で保管され、現在は台湾大学医学院体質人類学研究室資料として全世界の研究者に開放されている。

50年に九州大学に赴任した後、山口県土井ケ浜遺跡、種子島広田遺跡等で発掘調査を行い、それらの成果をもとに展開した日本人起源論「弥生人の渡来説」は、形質の変化は環境要因で説明できるとする東京大学教授・鈴木尚（1912～2004）の「変形説・小進化説」と真っ向から対立し、学会を二分する激論となった。現在では日本人の成立に渡来人の関与があったことは定説となっている。

形態形成と遺伝・環境の関係解明には家系骨格資料が必要だと考えた金関丈夫は、父喜三郎とともに九州大学医学部に自らを献体している。恐れ多い大先輩の骨格を、私は学位論文の研究資料として使わせていただいた。

金関丈夫氏（「沖縄県史」より）

骨から読み取れるもの

2万年前に時間旅行

２０１３年２月、２年ぶりに白保竿根田原洞穴遺跡（石垣市）の発掘調査が行われている。県立埋蔵文化財センターによる調査で、私は人骨担当で参加させてもらっている。思えば、「石垣島で２万年前の人骨発見！」というビッグニュースが沖縄から発信されたのは３年前の今頃である。その後、２０１０年度に県立埋蔵文化財センターによる詳細な発掘調査が行われ、予想をはるかに超える貴重な遺跡であることが確認された。出土した約４００点の人骨片は、東アジアの人類史研究にとって、またとない大きな財産となるものである。

そんな貴重な人骨の整理はワクワクするほど刺激的で楽しい作業である一方で、後世のどんな研究にも対応できる資料として整備しなければならない責任の重い作業でもあった。まだ資料化を終えたばかりで、本格的な研究はこれからという状況であるが、すでに面白い発見もいくつかあるので、回を改めて紹介できればと考えている。

ここでは、人骨を調べるとどんなことが分かるのか、人類学者はなぜ、白保竿根田原洞穴遺跡の小さな骨片にワクワクするのか、少しでも感じ取っていただければ幸いである。

なぜ性別や年齢が推定できるのか

「石垣島で2万年前の人骨発見！」のニュースとともに発信された頭骨片の写真を覚えておられるだろうか。人骨は主に筆者と県立博物館・美術館の藤田祐樹さんの2人が慎重に議論しながら鑑定していった。そして、この頭骨片は「比較的若い成人男性」の可能性が高いという結論に達した。といっても、2人が相談してエイヤッと決めたわけではない。2人がそれぞれに科学的基準に基づいて観察した結果、同じ結論に達したのである。

では、なぜ男性と推定できたのだろうか？　人間の骨格で最も男女の違いが表れるところは骨盤である。頭蓋骨にも性差は表れやすい。ただし、未成人の場合は骨盤や頭蓋骨があってもほとんど無理である。また、成人の場合は骨盤や頭蓋骨以外の骨についても、か

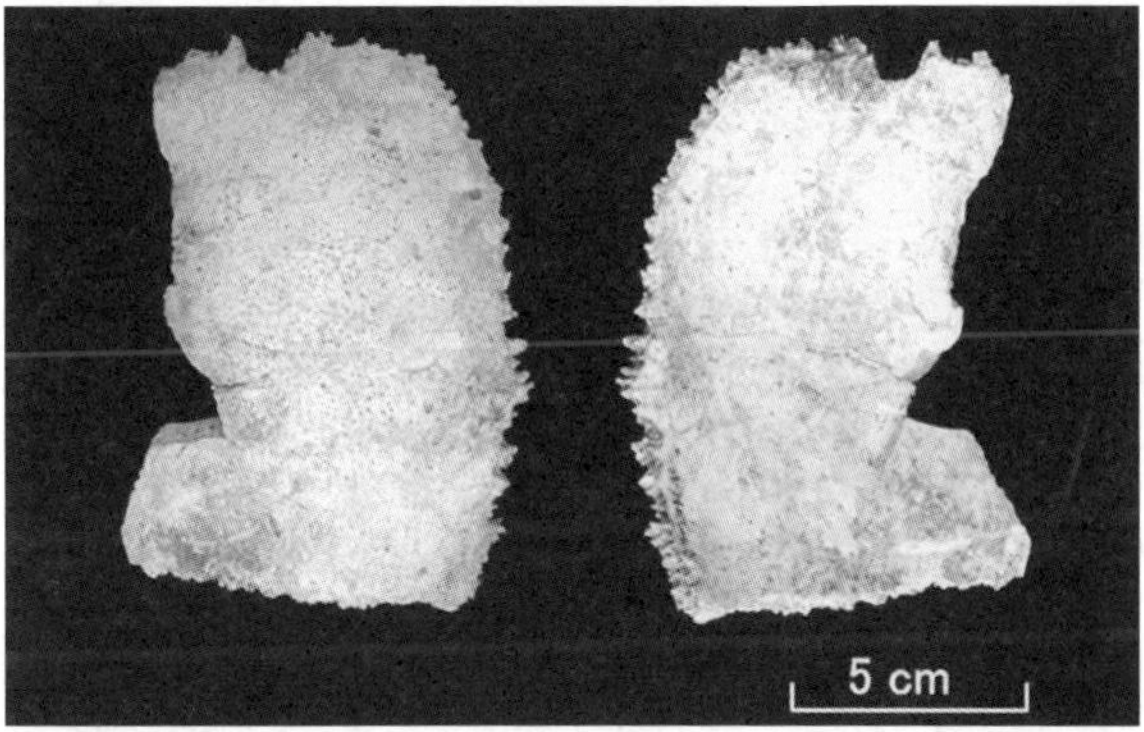

白保竿根田原洞穴遺跡出土の約２万年前の頭骨（右頭頂骨）。左は外面、右は内面（県立埋蔵文化財センター所蔵）

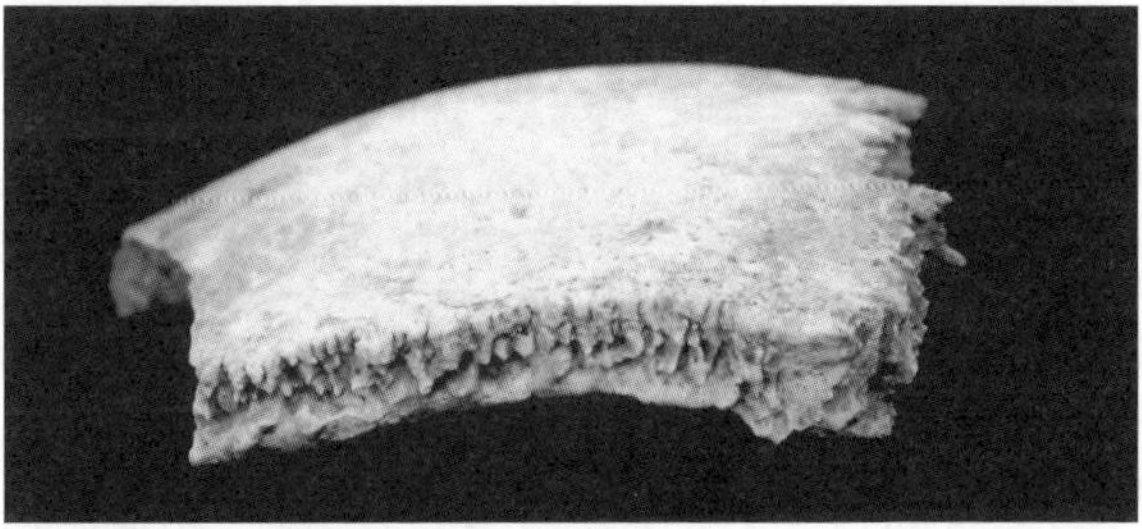

白保竿根田原洞穴遺跡出土の頭骨の縫合面。厚く、頑丈で縫合に癒合の痕跡が見られない（県立埋蔵文化財センター所蔵）

なりの確かさをもって性別の判定が可能だということが分かっている。

簡単に言ってしまうと、男性は女性に比べて全体的に大きく頑丈なのである。例えば、四肢骨の太さ、特に関節部分の大きさには明らかに男女差がある。白保竿根田原洞穴遺跡の頭骨片は頑丈で、厚さも港川１号のものとほぼ同じであることから、男性の可能性が高いと推定したのである。

次に、年齢が若いと判定した根拠は何か？　年齢推定の基準としてよく知られているのは、歯の形成や萌出《ほうしゅつ》の程度、摩耗の程度などから求める方法である。ただ、歯の摩耗は食物と関係するので、時代や地域などを考慮しながら推定する必要がある。

また、成長期の骨は未完成の状態で遺跡から出土するので、成人に達しているかどうかを知ることができる。成人に達すると、今度は加齢による変化が目安になる。歯だけではなく、骨そのもの、特に関節部分は年齢とともに変形していく。頭蓋骨はノコギリ状の突起が互いに噛《か》み合うように連結しているが、この噛み合わせは年齢とともに徐々に癒合して消えていく。白保竿根田原洞穴遺跡の頭骨片には癒合の痕跡がほとんど見られないため、若い個体と推定されたのである。

なぜ系統や生活を議論できるのか

人間の骨格は約200個の骨で構成されている。頭蓋骨は一つの骨に見えるが、バラバラにすると23個の骨になる。これらの骨から情報を読み取るのが形質人類学者の仕事である。肉眼的な観察や計測から読み取ることができる情報が一般的であるが、最近は化学分析の進展がめざましく、目に見えない情報まで読み取ることができるようになった。

人間の骨に限らず、生物の「かたち」は遺伝的要因と環境要因の相互作用によって決まる。したがって、系統を論じる際には遺伝的要因が強く表れる部位、生活を論じる際には環境要因の影響を受けやすい部位の情報が有効になる。

図は金関家（12頁フィールドノート参照）や江戸時代の大名家などの家系骨格資料について、計測値がどのくらい遺伝的要因を反映しているかを遺伝率という指標を用いて調べたものである。星印（★）のところが遺伝率の高い部位である。頭蓋骨の大部分の計測値は高い遺伝率を示したが、環境の影響を受けやすい体部の遺伝率は低かった。しかし、面白いことに、関節部分の遺伝率は高い傾向を示している。姿勢や歩き方

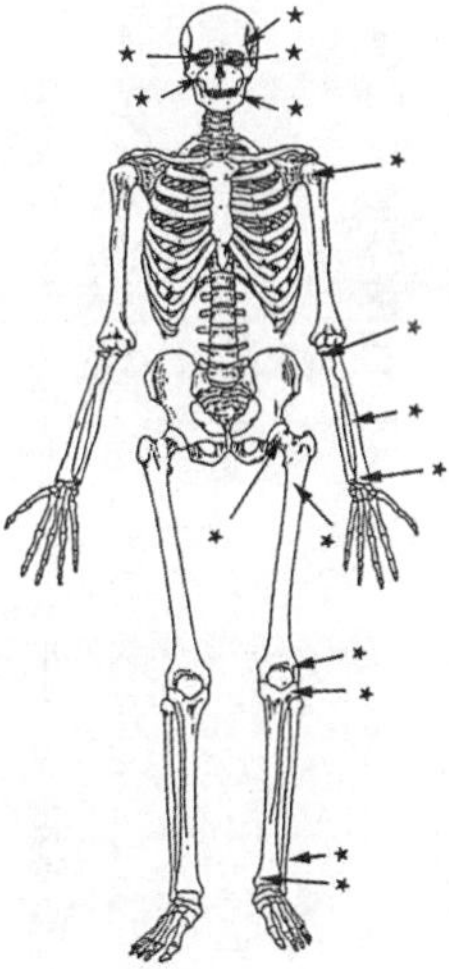

骨格で遺伝性の高い部位（★印）（「土肥、人類学雑誌99号、1991」を基に作製）

が親子で似ているのは、関節のかたちが似ていることによるのだろう。
日本人のルーツや沖縄人のルーツを議論する時に、顔つきに注目するのはこのような基礎研究の裏付けがあるからである。一方で、残りの177個の体部骨は生活情報の宝庫と言える。

骨の化学分析とは

骨はリン酸カルシウムのような無機成分とコラーゲンなどの有機成分で構成されているが、年代測定やDNA解析の対象となるのは有機成分である。化学分析の成否はこの有機成分をどれだけ回収できるかにかかっていると言っても良い。掘り出された人骨の取り上げを急ぐのは、時間とともに分解されていく有機成分を効率よく回収する必要があるからである。

コラーゲンにはタンパク質の構成元素である炭素（元素記号C）が含まれるが、この炭素には質量数の異なる3種類の同位体（12C、13C、14C）が存在する。このうち、12Cと13Cは安定同位体、14Cは不安定で時間とともに別の元素に変わっていく放射性同位体である。これらの同位体は一定の割合で存在し、生きている間は人体にも同じ割合で取り込まれている。しかし、死んでしまうと新たな供給が止まるので、14Cの割合は一定の速度で減少し続ける。そして、5730年後には半分になってしまう。この放射性炭素の割合の変化を利用して年代を測る方法が「放射性炭素年代測定法」である。

「DNA解析」はさらに厳しい条件をクリアしなければならないので大変である。有機成分として微量に存在する細胞内の核やミトコンドリアからDNAを抽出しなければならないからである。沖縄のような高温多湿の亜熱帯地域では有機質の分解速度も速い。まさに時間との戦いである。そして、DNA解析にはもう一つやっかいな問題がある。汚染である。別人のDNAを解析することになっては意味がないので、不特定多数の接触を極力避ける必要がある。このような課題がクリアできれば、DNA解析は系統関係を直接知ることのできる最も有効な方法となる。

遺跡はそれぞれの時代を閉じ込めたタイムカプセルだと言われる。白保竿根田原洞穴遺跡には約2万年前のタイムカプセルが埋まっている。発掘調査によって2万年前にタイムスリップできるのである。どんな時代か、どんな人か、どんな生活か、誰もがワクワクするのではないだろうか。

フィールドノート

鯛のかぶと煮

脊椎動物の進化を学ぶ

私は鶏肉が苦手である。理由は自分でもよく分からない。その代わり、魚が大好きである。特に、鯛《たい》のかぶと煮に目がない。味もおいしいと思うが、骨が面白いのである。「鯛の鯛」と呼ばれる小さな骨をご存じの方も多いのではないだろうか。

魚類は脊椎動物の中で最も長い進化の歴史をもっており、ヒトを含むすべての陸上脊椎動物の祖先と言って良い。魚の頭骨をバラバラにするとヒトの倍以上の骨がある。口の周りの骨だけでも10個以上あって、私の知識ではとても同定できないが、ヒトでは、この中の幾つかの骨が鼓膜の振動を内耳に伝えるツチ骨、キヌタ骨、アブミ骨という耳の中の小さな骨に変わっている。

魚の胸ビレと腹ビレは陸上脊椎動物の四肢に相当するが、それぞれのヒレの根元にはヒトの上肢帯（肩甲骨と鎖骨）や下肢帯（寛骨）に相当する骨がちゃんと存在する。「鯛の鯛」は胸ビレを体幹につなぐ上肢帯の骨である。「鯛の鯛」の頭に相当する部分（肩甲骨）の真ん中には目玉のような丸い穴が開いていて何とも可愛《かわい》らしい。目玉の穴は胸ビレを動かす神経の通り道である。かぶと煮から学ぶはるか遠いヒトの歴史もまた奥が深く面白い。

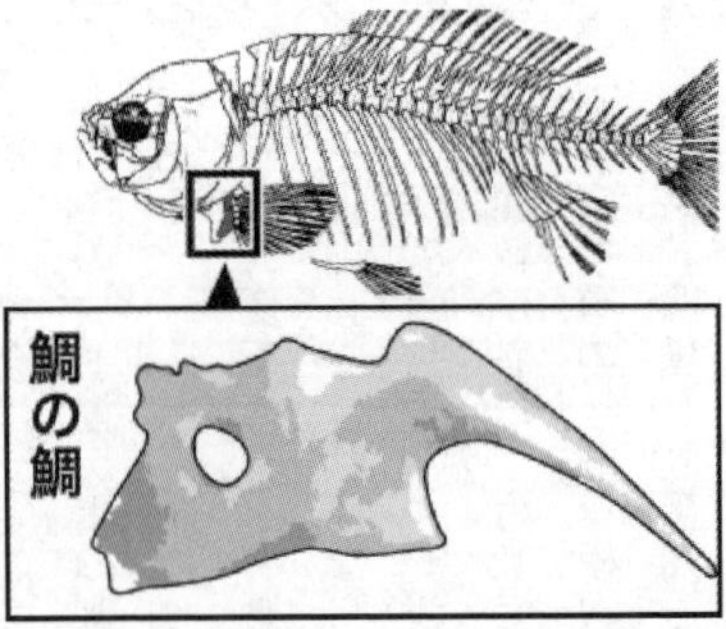

日本人の中の沖縄人

日本列島に二重構造

子どもの頃、自分はどうしてこの家の子どもなのだろう、どうしてここにいるのだろう、と思ったことのある人は案外多いのではないだろうか。形質人類学というのは、そんな素朴な疑問の延長線上にある学問と言っても良い。私たちはどうして日本人になったのだろう、沖縄人はどうして沖縄人になったのだろう。形質人類学的に見た日本人とは？　沖縄人とは？　というのがこれからのテーマである。

日本人起源論

まず、日本人起源論について簡単に触れておきたい。日本人の成り立ちについて最初に言及したのは江戸時代の儒学者新井白石やドイツ人医師のシーボルトと言われる。明治期になると、草創期の帝国大学に招かれた外国人教師たちによって活発な論争が行われるようになるが、それらの議論の中心はアイヌ民族が日本の先住民かどうかというもので、琉球列島の人々が登場することはない。ただ、その中で東京大学に招かれたドイツ人医師のベルツは後に「アイヌ・琉球同系論」の提唱者とされ（原著に明確な記述はないので後世の解釈によるものなのだろう）、琉球（沖縄）人を論じる際にしばしば登場してくる。

日本人研究者による起源論争が始まるのはその後である。先住民をアイヌの伝承に登場するコロボックルとした坪井正五郎、先住民はアイヌとした小金井良精、鳥居龍蔵などが挙げられるが、まだまだ限られた資料に基づくものであり、日本人の全体像に迫れるようなものではなかった。東アジアを精力的に踏査した鳥居は１９０４年に石垣島の川平貝塚で八重山初となる考古学的調査を行うなど、沖縄にも大きな足跡を残している。

いずれにしても、ここまでの起源論は現在の日本人は先住民とは繋がらないという考え方で共通していた。

人類学的分析をもとに日本人起源論に新たな展開をもたらしたのは、京都大学の清野謙次と東京大学の長谷部言人である。清野は発掘した人骨の計測データをもとに、現在の日本人は縄文人と周辺地域の人たちとの混血によって形成されたと考えた。それに対して、長谷部は縄文人から現代人への変化は生活文化の変化で説明できると考えた。

2人の考え方はその後、九州大学の金関丈夫と東京大学の鈴木尚によって継承・発展させられ、人類学会を二分する大論争となっていく。金関は北部九州や山口で発掘した古人骨の研究をもとに「渡来混血説」を、長谷部は主に関東地方の古人骨研究から「小進化説、変形説」を提唱した。この大論争に決着が見たのは、血液や遺伝子を用いた新しい研究が登場してからのことである。日本人の成り立ちに対する渡来人の関与は今では常識となっている。

2系統が混血

この間に、沖縄では港川人（旧石器時代人骨）の発見があり、その特徴から縄文人の祖先ではないかと注目を浴びた。また、1970年代には九学会連合による総合調査が行われ、ようやく南方への関心が高まってきた。しかし、この時点でもまだ、琉球列島の人た

埴原和郎の提唱した日本列島人の二重構造モデル

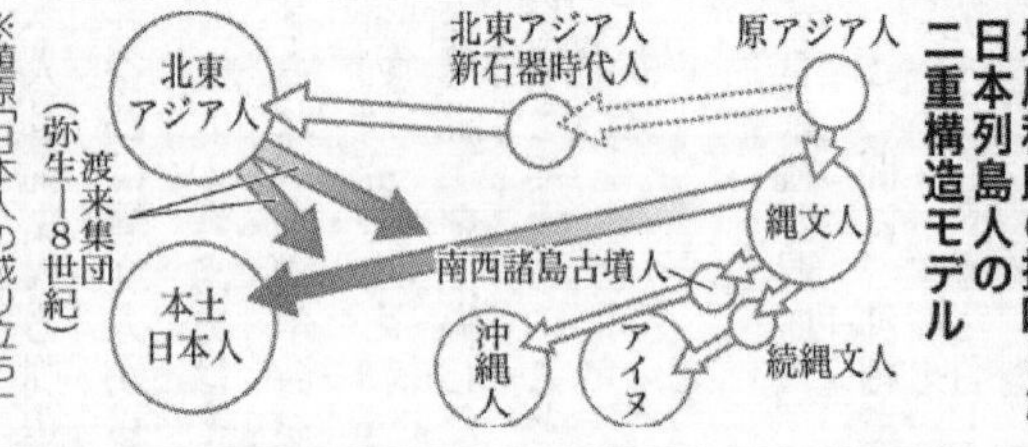

※埴原「日本人の成り立ち」（人文書院、1995）より作成

ちについて日本人論の中ではっきりとした位置付けは行われていない。琉球列島を含む総括的な日本人論が展開されたのは、次に紹介する埴原和郎（東京大学）の「日本列島人の二重構造モデル」が最初である。

　日本列島全域を視野に入れた埴原のモデルはシンプルで分かりやすく、今ではほとんど一般の人たちにも受け入れられているようである。モデルの概要を次に紹介する。

　二重構造モデルでは、日本人は二つの系統の人たちからなっているという。一つは南方系（縄文系）、他は北方系（渡来系）の人たちである。更新世（約２００万年前から１万年前まで）の終わり頃に琉球列島にやって来た南方系の人たちは日本列島全域に広がり縄文人になった。この南方系の人たちが日本列島の基層をなす集団である。

　その後、今から約２５００年前頃から、稲作や金属器などの新し

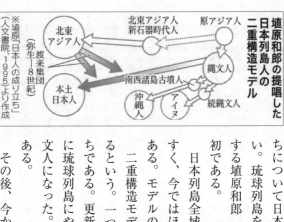

い文化を携えた北方系の人たちが大陸から北部九州・山口地方に渡来して来た。その結果、日本列島人は二つの系統が重なり合う「二重構造」をもつことになった。

二つの系統は混血しながら現在に至っているが、辺縁部に位置する北海道と沖縄には混血の影響がほとんど及ばなかったため南方系の縄文人的特徴が残されている。沖縄人とアイヌ民族が似ているといわれるのはそのためである——というのが、二重構造モデルの概略である。

参照図はこれらの関係を模式的に示している。1991年に提示されて以後、縄文人については南からではなく北からやってきたとする考え方が主流になってきているが、基本的な二重構造の考え方は変わっていない。

人骨研究開始

では、二つの系統とはどんな人たちだったのだろうか？　どんな特徴をもっていたのだろうか？

写真は渡来系の弥生人（左）と縄文人（右）の頭骨を比べたものである。面長で平坦《へいたん》な

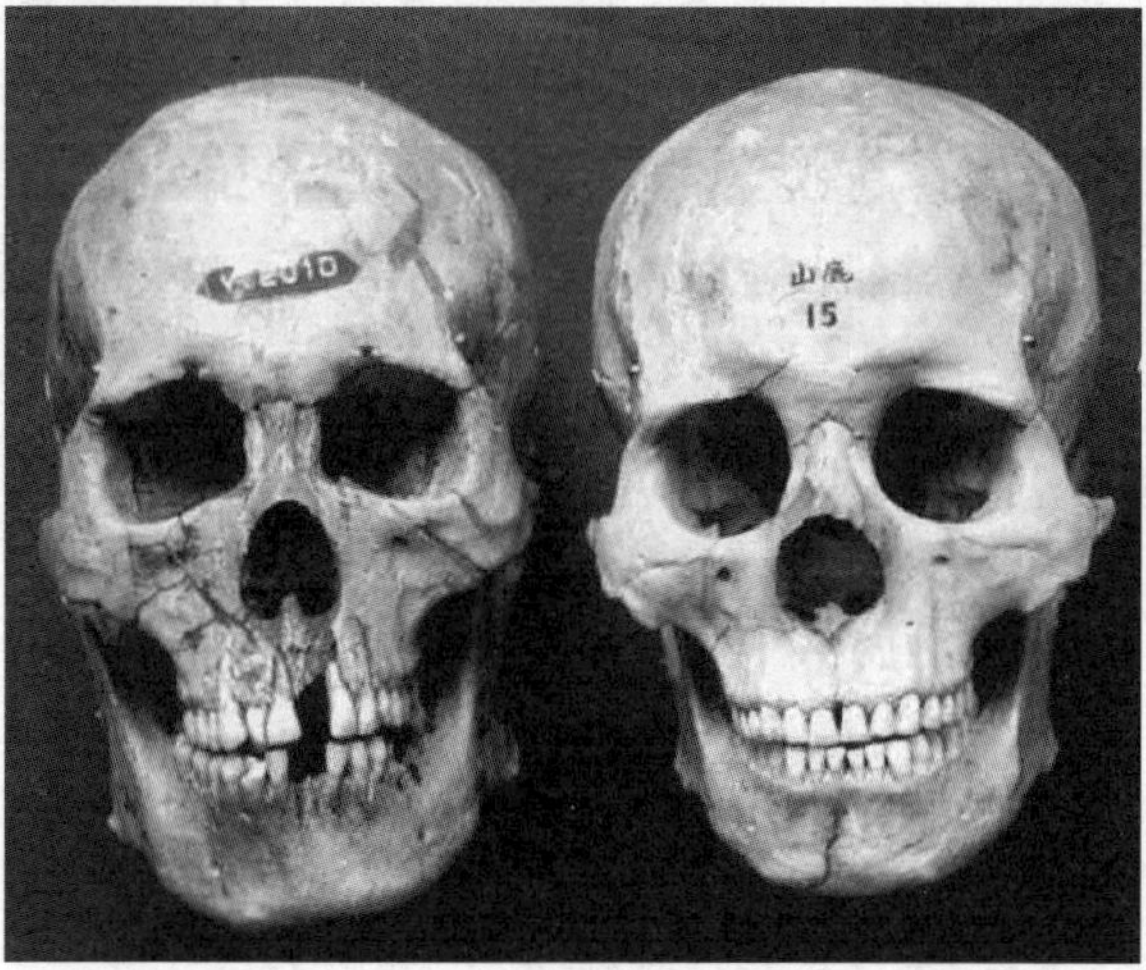

弥生人（左）と縄文人（右）の頭骨（九州大学博物館所蔵）

顔つきの弥生人に対して、縄文人は横幅の広い立体的な顔つきをしている。眼球の入る凹《へこ》み（眼窩《がんか》）のかたちも長方形の縄文人に対して、弥生人は丸みを帯びた垂れ目に見える。また、体格にも違いがあり、平均身長が160センチを超える弥生人に対して、縄文人はほとんど160センチを超えることがない。二重構造モデルによれば、沖縄やアイヌの人たちはこのような縄文人の特徴をもっているということになる。

沖縄学の父と言われる伊波普猷（1876〜1947）の「琉球人種論」を知った時はかなりショックだった。日本の人類学者が中心部の議論ばかりしていた頃に、すでに琉球と日本との関係を論じた沖縄人がいたのである。当然、研究史にも登場するべきだと思う。

もう一つ、沖縄に来てショックを受けたことがある。それは、沖縄人を論じるための人骨資料が実はほとんどなかったことである。特に、南方からの入り口に位置する先島の先史時代人骨は未発見という状況だった。ところが、当時の人類学会には沖縄人の位置付けはもう解決済みという空気が漂っていた。人骨研究はほとんど始まってもいなかったのにである。

というわけで、筆者の沖縄人研究は人骨を見つけるところから、そして沖縄人の位置付けを確認していくところから始まった。それから20年、沖縄での人骨研究はワクワクするような発見の連続だった。

フィールドノート

顔の復元

輪郭はほぼ正確

縄文人の顔は彫りが深く二重まぶたで唇は厚い、一方、弥生人の顔は面長で平坦《へいたん》、一重まぶたで唇は薄いというのが一般的に定着した彼らのイメージである。骨しかないのに、どうしてそんなことが分かるのだろうか。実は、骨だけで正確な顔つきが分かるわけではない。それにもかかわらず、顔の復元が試みられるのは、骨よりも分かりやすく説得力では比較にならないからだろう。それに、全く適当に作られているわけではなく、解剖学的な根拠もある。

まず、輪郭は骨からほぼ正確に復元できる。顔の皮膚の下には表情筋と皮下脂肪があり、平均的な厚さも分かっている。表情筋を一枚一枚張りつけ、皮下脂肪をつけるとおよその顔つきが出来上がる。ただ、顔のポイントとなる目、鼻（かたちを決める軟骨は残らない）、唇には骨がないので、ここから先は不確かな部分となる。復元する人によって顔つきが微妙に違うのはこのためである。髪の毛やヒゲでも印象はかなり違ってくる。

参考図は、人骨に詳しくイラストもプロの考古学者に港川人の顔を描いてもらったものである。さすがに骨のイメージとも合っていて良い出来である。筆者は骨から顔を復元した経験はないが、生きている人の顔をみて、頭の中で骨のかたちを復元することはある。こちらはかなり正確だと思う。

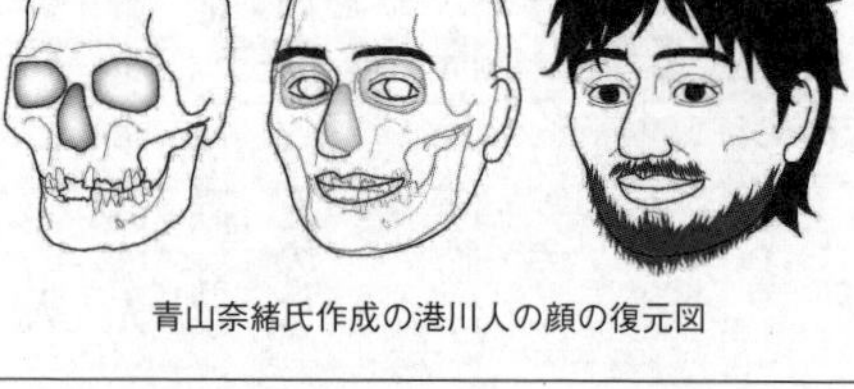

青山奈緒氏作成の港川人の顔の復元図

西表島　風葬墓調査

入植、離村の歴史語る

１９９１年12月、「西表島上原で地元でも知られていなかった風葬墓が発見された」と聞いたのが沖縄への第一歩だった。赤土の流出を防ぐために川の上流に砂防ダムが建設されることになり、山に入った地元の人によって発見された。地元の人にも知られていないというのは不思議な気がしたが、八重山には強制移住による村立てとマラリア禍などによる廃村を繰り返した過酷で悲しい歴史があることを後で知った。風葬墓には人骨も残っているがダムで水没するかもしれないという。沖縄の人骨は日本人の成り立ちを考える上で無くてはならない貴重な資料である。水没する前にぜひとも見てみたいと思った。

密林に眠る風葬墓

西表島では集落のすぐ近くまで亜熱帯のジャングルが迫っている。上原の集落から森に少し分け入ると、間もなく石灰岩の岩陰に13基の風葬墓を確認することができた。それぞれの墓には数体分の人骨が葬られている。こぢんまりした風葬墓である。上原村の創設は18世紀とされるが、明治末にいったん廃村になっているので、墓が作られたのはおそらく18世紀から19世紀頃なのだろう。

案内していただいた地元の方に後で迎えに来てもらうようにお願いして、1人で墓を調査して回った。発掘もしないで人骨が見られることも衝撃だったが、とにかく、初めて見る沖縄の人骨に大興奮だったと思う。ひとつひとつの墓に頭を突っ込んでは人骨を観察していった。墓の外観、内部、人骨の配置、人骨の特徴などがきっちりと記録されたフィールドノートを見ると、その時の感動がよみがえってきて、見るたびに初心に立ち返らせてくれる。

墓は死者を葬るところであるが、同時に葬った人たちの思いが込められた貴重な場でもある。そんな貴重な墓と人骨を水没させて良いものだろうか。

西表島上原の風葬墓

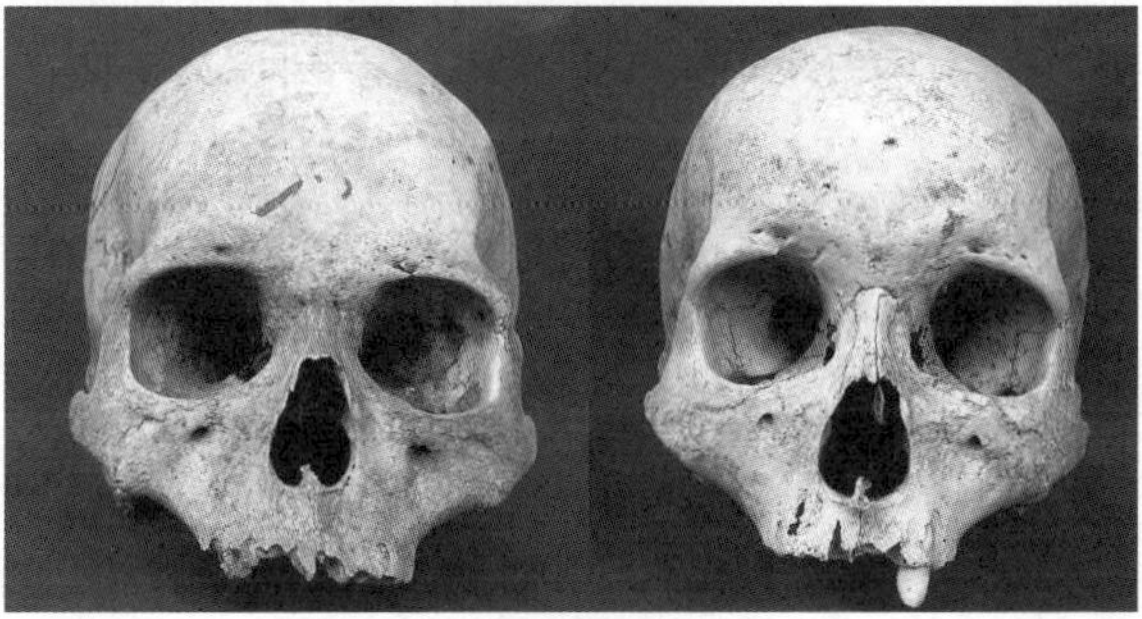
上原古墓群の人骨

実は、この後、この時の調査報告を沖縄県教育委員会に提出し、水没させるのは問題ではないかと直訴した。思いがけないことに、ダムの堤防は満水時でも墓にかからない高さに修正された。さすが、先祖が大事にされる土地柄である。その後、この風葬墓を訪ねていないが、静かな眠りは続いているに違いない。

また1992年から93年にかけて、土地改良事業で壊されることになった上原地区の古墓群の発掘調査が行われ、人骨調査をする機会に恵まれた。上原古墓群という遺跡名がついているが、前年に調査したものとほぼ同じ風葬墓である。重機と競争しながらの調査だったが、人骨の保存も良く、大変良い勉強をさせてもらった。

調査することができた10基余りの墓には、それぞれ老若男女を含む2~8体くらいの人骨が納められており、かんざし（ジーファー）やキセル、陶磁器などの副葬品も納められていた。1~3世代程度の家族によって使用されたものだろうか。墓の規模は墓を作った集団の規模や豊かさなどを反映するが、入植と離村が繰り返された上原の歴史を、墓は雄弁に語っているように思われた。

廃村に残る古墓

西表島の西南部には網取、崎山、鹿川など、廃村になった村跡が残されている。鹿川については、1970年代中頃に当時京都大学の学生だった安渓遊地さんが生態人類学的

廃村に残された古墓

調査を行い、「八重山群島西表島廃村鹿川の生活復原」として成果をまとめておられる。携帯電話も何もない時代に、大学院の学生がたったひとりで廃村の調査をするのは大変な苦労があったに違いない。西表島での調査の報告がてら、山口まで安溪さんを訪ねたことがある。フィールドワーカーにとってのフィールドの重要性、ひとりの小さな失敗が他分野の研究にまで致命的なダメージを与えかねないことなど、沖縄研究の大先輩の言葉はずしりと胸に響くものだった。

島の9割近くを亜熱帯のジャングルで覆われている西表島には、島を一周する道路がない。鹿川を訪ねた時は、西部の船浮から船をチャーターし、崎山半島を回って海から上陸した。案内は「西表をほりおこす会」会長の石垣金星さんが引き受けてくださった。石垣さんは西表島の自然と文化を守り、後世に伝える活動を続けている方である。鹿川はすぐ背後まで険しい山が迫っているが、前面には真っ青な海が広がっていて、まるで絵はがきを見ているように美しい。この地を鹿川の人たちはどんな思いで去っていったのだろうか。

墓は集落の後背斜面に沿って作られていた。明治末の廃村時にほとんどの墓も移転したのだろう、人骨の残った墓は少なかった。砂岩を組み合わせて作られた墓は、石灰岩の岩陰に作られた上原地区のものとは全く違っている。同じ時代、同じ島でも周囲の環境によって墓のかたちが違うことは興味深かった。

風葬とは?

本連載中に頻繁に出てくる「風葬」は、一般の方たちにはあまり馴染《なじ》みのない言葉かもしれない。最近はあまり抵抗なく受け取ってもらえるようになったのでそのまま使うことが多いが、ここで少しだけ触れておきたい。一般的には近世から近代に琉球列島で盛行した葬法を指すが、筆者は風葬という言葉を「遺体を土中に埋めない葬法」という意味で使っている。遺体を葬ること全体を差して埋葬という言葉が使われることもあるが、ここでは、遺体を土中に埋める葬法を埋葬と考えている。その意味では沖縄の葬法は基本的に風葬と言える。先史時代の葬法として一般的な崖葬も風葬である。

風葬という言葉のイメージが遺体を放置する、あるいは野晒《のざら》しにするというイメージと結びつくとして（自然の風を受けながら朽ち果てていく葬法は筆者には何ともうらやましく感じられるのだが）、乾燥葬など他の用語が提示されたこともある。乾燥葬では故人の人生までもが無味乾燥にみえないだろうか。「古墓」という場合も基本的には風葬である。地域差はあるが、近世・近代の風葬は洗骨と改葬を伴う。つまり、先祖の魂を何度も手厚く送る葬法が風葬なのである。

ところで、西表島にアイヌや縄文人と似た人たちはいたのだろうか。この頃はまだ研究を始めたばかりで確信はもてなかったが、九州で見てきた頭骨の特徴と特に違うという感じを受けなかったのは確かである。フィールドノートには「顔はどちらかというと平坦で眼窩《がんか》のかたちも楕円形で垂れている」と記されている。

フィールドノート

トリの目　ヒトの目

眼の進化、眼窩《がんか》に影響

西表島は国の特別天然記念物に指定されているイリオモテヤマネコやカンムリワシなど、希少種生物が棲息《せいそく》していることでも有名。カンムリワシは電柱や木の上にいるのを時々見かける。下を見下ろしながら獲物が通るのを待っているらしい。猛《もう》禽《きん》類にしてはのんびりしているように見えて親しみやすいので、新石垣空港のイメージキャラクターにもなっている。

トリは視覚が発達した動物と言われる。トリの眼は視野が広く、動きながら遠くにも近くにも素早く焦点を合わせることができる特殊な構造をもっている。森の中で進化したヒトの仲間は、枝から枝へ飛び移るための距離を測るのに必要な両眼視（立体視）を発達させた。一方、草原で生活する草食動物は敵を素早く発見して逃げなければならないので、広い視野を獲得する必要があった。カメレオンが左右の眼を別々に動かしている映像を見たことがある。眼も長い時間をかけて、多様な進化を遂げてきたことが分かる。

骨が専門の筆者はこれらの違いから骨のかたちをイメージする。両眼視の発達した動物の眼窩は前方を向いており、視野の広い動物の眼窩はほとんど横を向いている。骨のかたちにはすべて意味があるのである。

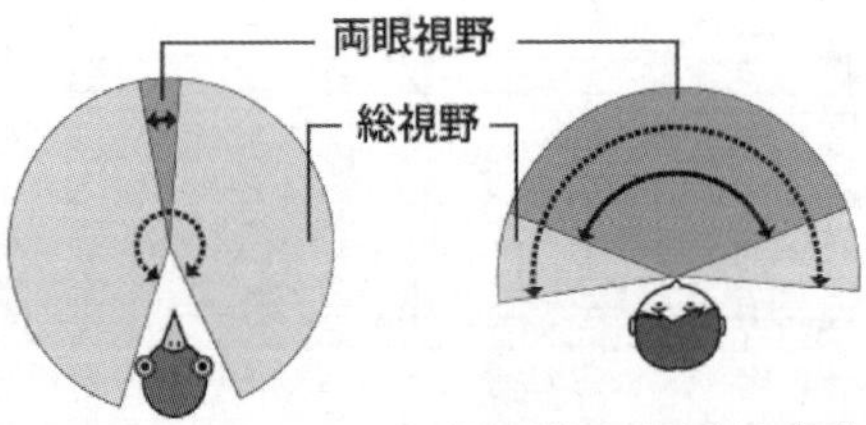

（杉田昭栄、2007をもとに作成）

トリの視野とヒトの視野

与那国・宮古の風葬墓

現在との関係不明

２０１３年3月11日から14日まで与那国島で開催された研究会に参加した。研究会のテーマは旧石器時代人の渡海についてである。琉球列島には約３万年前からヒトの痕跡が残されているが、古地理学的には、当時、大陸との間に陸橋はなかったという。彼らは海を渡ってきたのである。世界最古級の渡海はどのようにして成し遂げられたのだろうか。国立科学博物館人類研究部の海部陽介さんを中心に、与那国町教育委員会の全面的な支援を受けて行われた研究会には、人類、考古、古地理、古気候、海流、海洋民族、渡海体験、古代舟などの専門家13名が全国から集まった。大陸に最も近い与那国島で、台湾との距離感や黒潮を体感しながらの研究会である。

与那国島の大和墓

4日間、ほとんど合宿状態で行われた研究会はさすがに疲れたが、久しぶりに学生に戻ったような刺激的で楽しい時間だった。白保竿根田原洞穴人の祖先たちはどんな想いで、どんな舟で海に漕ぎ出したのだろうか。自然を知り尽くし、自然とともに生きた彼らの知恵は現代に生きる私たちに何を教えてくれるのだろうか。研究会の今後の展開が楽しみである。

与那国島の大和墓

ところで、研究会の初日に行われた島内の遺跡見学会で、十数年振りに「大和《やま》墓《とばか》」を訪ねる機会に恵まれた。島の東南部丘陵上にある岩陰を利用した風葬墓で、明治期の笹森儀助による南島探検

宮古島島尻の長墓

以来、平家の落人の墓ではないかと考えられてきた。しかし、その後、１９６４年に行われた九州大学の学術調査で、近世の与那国島の人たちの墓であることが明らかになった。

ところが、島の人たちは大和墓に葬られている人たちのことを自分たちとは全く関係がないと考えている。何とも不思議な話であるが、このような謎に包まれた風葬墓は、実は、大和墓以外にも知られている。

宮古島島尻の長墓

宮古島北部の島尻地区に「長墓《ながばか》」という風葬墓がある。幅約50メートル、奥行き2～4メートル、高さが2メートルくらいの横に長い岩陰を利用した風葬墓で、1971年に当時京都大学教授だった池田次郎が人骨の調査を行っている。人類学者にとっては有名な遺跡で、筆者も沖縄に来て真っ先に訪ねて行った。

大和墓には人骨がほとんど残っていなかったが、長墓には現在でも100体以上の保存の良い風葬人骨が眠っている。ただ自然の風化は確実に進行しているので、いずれは朽ち果ててしまう可能性もある。風葬墓は沖縄の近世～現代史を語る貴重な文化遺産である。これほど大規模で保存の良い風葬墓が風化していくのは何とももったいない。

そして、実は、この長墓も地元の人たちからは自分たちとは関係がないといわれているのだ。池田次郎は頭蓋計測値の分析から、長墓被葬者の形質は琉球諸島の変異内であることは確実としている。また、1997年に筆者等が行った調査でも同様な結果が得られているので、少なくとも近世から近代の宮古島の人であることは確かだと思われる。にもかかわらず、関係がないとされるのは何故《なぜ》なのだろうか。

宮古島綾船《あやふね》の墓

同じ宮古島の城辺で「綾船の墓」という風葬墓の調査をしたことがある。老若男女を含む30名くらいが葬られていたが、墓の構造や墓の由来に関する伝承が変わっていて、想像力をかき立てられるような不思議な墓だった。

石灰岩を掘り込んで造られた墓の前庭部は身長の高さほどもある石積みの壁で囲われていて、墓に入るためには石積みを乗り越える以外に方法はない。海に面する側の石積みの壁には小さな小窓が開いていたが、棺《ひつぎ》はもちろん人も通れそうにない。確かめたわけではないが、夏至の日の朝日が小窓を通って墓の入り口に差し込むのだという。死者の魂の通り道を示しているのだろうか。死生観や宇宙観まで感じられる墓だった。

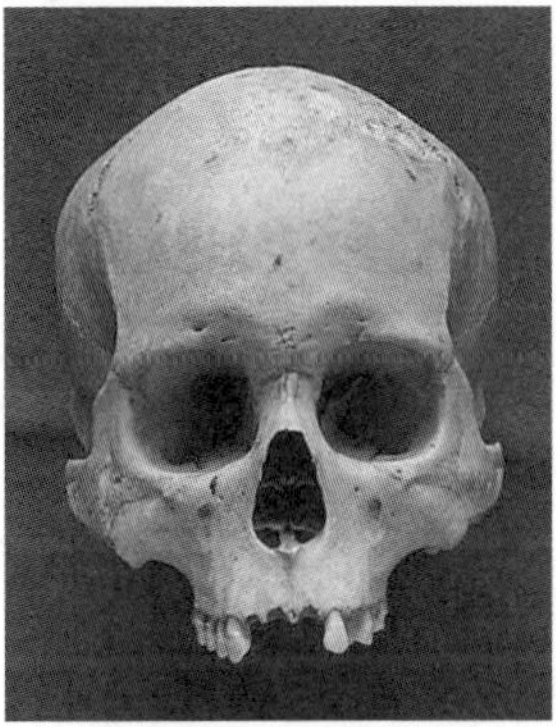
宮古島綾船の墓の男性頭骨

綾船の由来については、「綾」が綾織とか綾絹などのように精巧で美しいものと関連する語であることから、宝物を積んだ外国の船、そして、葬られている人たちは嵐で難破した綾船に乗っていた人たちという伝承が残されている。この例でもやはり、地元の人たちからは自分たちとは関係がないと考えられている。人骨調査の結果は、大和墓や長墓と同様に、近世から近代の沖縄の人たちと考えて矛盾しないというものだったのだが。

それにしても、集落近くの風葬墓がその集落とは関係がないといわれるのは何故なのだろうか。西表島のように入植と離村が繰り返された集落の墓が忘れ去られるのは仕方のないことかもしれないと思う。しかし、与那国島や宮古島の人たちが自分たちとは関係がないと思っているのは何故なのだろうか。先祖を大切にする沖縄の人たちがその墓を忘れることがあるのだろうか。縁者がすべて途絶えてしまったのだろうか。葬制や墓制が変わって、古い墓は時間とともに忘れられていったのだろうか。死生観を変えるような大きな社会の変化があったのだろうか。

筆者が調査に参加した多くの先史時代遺跡は、生と死が本来近いところにあったことを物語っていた。もしかしたら、生きている人間の世界と死んだ人間の世界はほとんど連続したものとして認識されていたかもしれない。死がこれほどまでに生から遠くなってしまったのはいつ頃からなのだろうか。

フィールドノート

外耳道骨腫

海との深い関わり示す

与那国研究会で、筆者は人骨に見られる海洋適応の証拠について報告した。代表的なものが「外耳道骨腫」である。外耳道骨腫は耳の穴（外耳道）の骨壁にできる骨の瘤《こぶ》で、過度の冷水刺激が原因とされる。「サーファーズイヤー」とも言われ、サーファーや海女などに多いことも知られている。

周囲を海に囲まれた沖縄の島々では、海は最も身近な生活の場だったと考えられる。人々は食糧を得るために海に潜ったり、水しぶきを受けながら海上を移動したりしたはずである。実際、先史時代の沖縄人には外耳道骨腫がかなりの頻度で認められる。ただし、外耳道骨腫そのものは日本本土の縄文人のように寒冷地域に住む人たちにも出現するので、それだけでは沖縄人が高度の海洋適応をしていたという証拠にはならない。

ところが一方で海水温の高い南北緯30度の間の亜熱帯・熱帯地域では、外耳道骨腫は形成されないともいわれている。確かに近世から現代の沖縄の人骨にはほとんど認められなかった。通常は存在しないとされる亜熱帯地域であるにもかかわらず、先史時代の沖縄人に外耳道骨腫が出現することに大きな意味があるのである。それほどに海との関係が深かったことを示しているのではないだろうか。

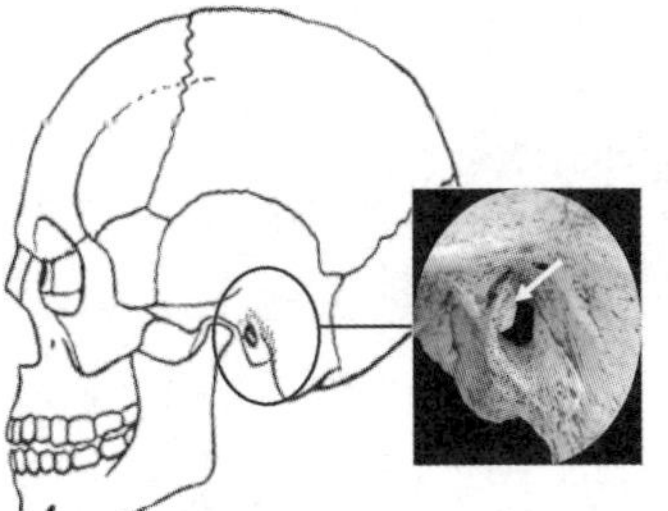
外耳道骨腫

久米島の風葬墓

葬法知る膨大な資料

1998年から2000年に、沖縄県立埋蔵文化財センターによって実施された「ヤッチのガマ」の発掘調査に参加した。「ヤッチのガマ」は久米島西部の旧具志川村に位置しており、17世紀後半から20世紀中頃まで使用された風葬墓である。沖縄県のかんがい排水事業（地下ダムの建設）によって水没することになり、記録保存のための発掘調査が行われることになったのだった。

ヤッチのガマ

幅約20メートル、奥行き約20メートル、高さ約10メートルの広大な洞穴開口部を利用し

ヤッチのガマ風葬墓

た墓は、石積みによって13の区画に分けられており、それぞれの区画に10〜20基の厨子（蔵骨器）が納められていた。人骨の保存状態も良好である。ほとんどの厨子には複数体の人骨が納められていたので、全体ではおそらく千体近い被葬者が葬られているものと思われた。筆者が経験した中では最大の風葬墓である。

墓には西銘、上江洲集落の人たちの先祖が葬られていると考えられていたが、調査時にはすでに使用されておらず、また、個人を特定できるような銘書《みがち》がほとんどなかったために、被葬者に関する具体的な情報は得られていなかった。民俗学調査よると、村で伝染病が蔓延《まんえん》し多くの死者が出たため、その人たちを葬ったと言い伝えられているという。

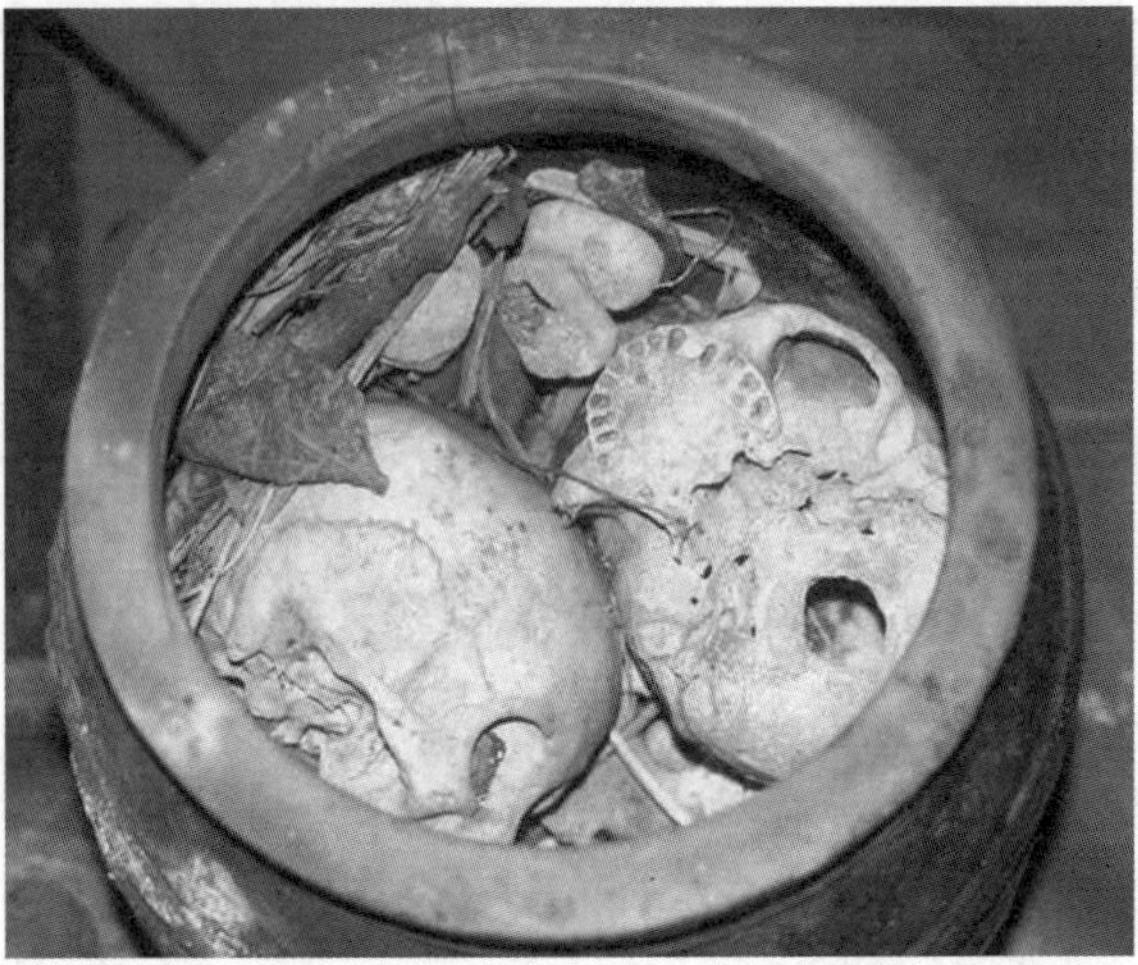

厨子に納められた人骨

近世〜現代の葬制・墓制に関する膨大な情報を一度きりのチャンスでどこまで読み取ることができるかが問われる調査である。調査は考古学、人類学、民俗学が密に連携しながらの総合調査となった。

人骨の調査

人骨は厨子から取り出しながら現場で部位同定を行い、被葬者の数、性別、年齢等を推定していった。発掘現場の情報は、現状に手を加えた時点で失われる運命にある。発掘調査はタイムカプセルを開く楽しみと同時にそんな緊張感を伴う作業でもある。そこで、厨子を移動させて失われる内部情報をできるだけ最小限にとどめるために、全ての作業を現場で行うことになった。人骨の配置状況も記録しながらの作業である。薄暗い洞穴内での作業は苦労も多かったが、収集された葬法に関する膨大な情報は、沖縄近現代史を語る貴重な資料として活用されていくはずである。

厨子内の人骨の配置は、まず四肢の長い骨を内壁に沿って立てかけ、その内側に骨盤や椎骨、肋骨《ろっこつ》、手足の骨などの体部骨を納め、最後に頭骨を一番上に納めるというのが基本のようだった。それにしても、原位置を保っている厨子のほとんどが例外なくこの配置だったことには驚いた。

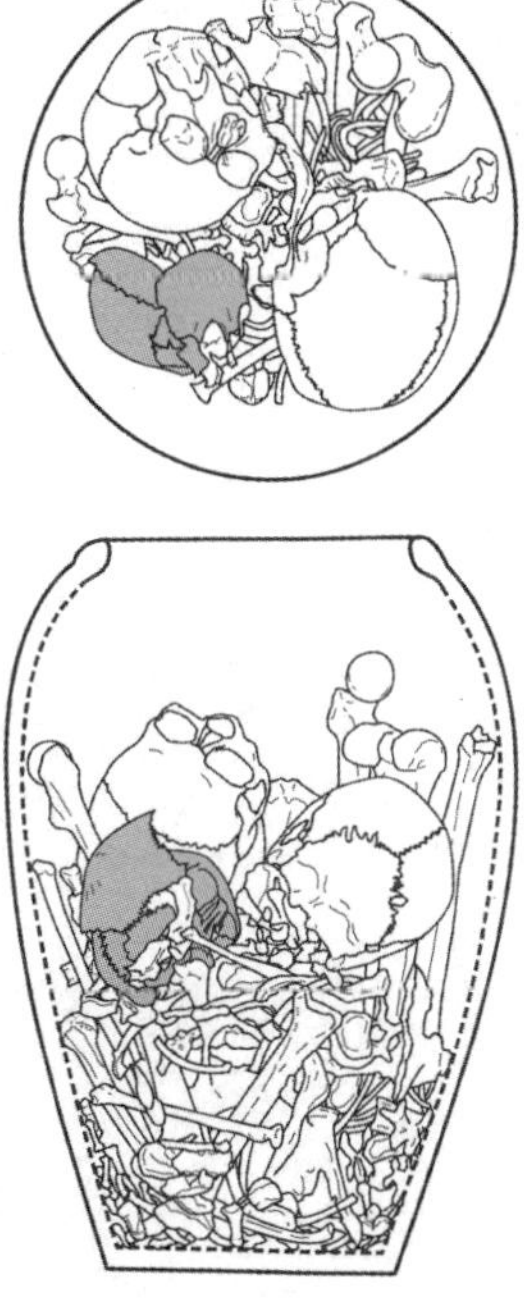

厨子内の人骨配置状況（県立埋蔵文化財センター、2001より作製）。上から見た図と横から見透した図、網掛け部分は子供の頭骨

また、後述するように、ほとんどの厨子には複数体の人骨が納められていた

が、その場合も、先に納められた人骨の上に加えていくのではなく、その都度、新たに納骨のやり直しが行われている。複数体分の四肢骨を周りに立てかけた中に複数体分の体部骨を納め、最後に複数体分の頭骨を一番上に並べているのである。

送葬は厨子に納められた被葬者の数だけ繰り返されることになる。何度も送られる先祖の魂はしっかりと旅立つことができたのではないだろうか。洗骨した骨をひとつひとつ丁寧に納めていった当時の人たちの様子が目に見えるようである。

子供の骨

「ヤッチのガマ」では300基以上の厨子が調査され、乳児から老年までを含む842体の人骨が確認された。約8割が成人、残りの約2割が未成人である。一つの厨子に納められた被葬者数では2体が最も多く全体の約3割。1体のみ、3体、4体以上がそれぞれ約2割程度だった。

また、2体の組み合わせのほとんどは成人男女で、おそらく夫婦が同じ厨子に納められたのだろう。3体以上になると、成人男女に子供が加わる例がほとんどである。子供の骨は成人骨に抱かれるように真ん中に置かれていることが多い。納骨した親族の優しさが伝わってくるようだ。沖縄ではよく子供の骨は墓に入れないと言われるが、筆者がこれまで調査した古墓や風葬墓で子供が含まれていなかった例というのは記憶にない。子供の骨は小さな指の骨までも丁寧に集められ、厨子に納められている例がほとんどだった。

以前に、旧県立博物館の文化講座だったと思うが、「ヤッチのガマ」の人骨の話をさせていただいたことがある。その時に、筆者は人骨で確認できたわけでもないのに、子供の骨は両親と同じ厨子に入れてもらえるのだろうと言ってしまった。ところが、話が終わって質疑応答になった時に、会場から「子供の骨は両親だけではなく、祖父母など近い親族の厨子に入れられることもありますよ」「これまで、考古学、人類学、民俗学が連携して取り組んだ墓調査はほとんどなかった。『ヤッチのガマ』は良い先例になると思います」とコメントしてくださった方がいた。

仲松弥秀先生である。沖縄民俗学、地理学の第一人者である仲松先生が会場に足を運んでくださったことに驚き恐縮したのはいうまでもない。先生からいただいた言葉は筆者にとっては宝物であり大きな励みになっている。

疫病説の検証

「ヤッチのガマ」ではいずれも200体を超す保存良好な成人男女の人骨が確認されており、近世~現代沖縄人研究の基準資料ともいうべき存在になっている。今後とも多くの研究者によって活用され続けていくものと思われる。形質の特徴については回をあらためて触れることにしたい。

ところで、「ヤッチのガマ」の被葬者たちは疫病の犠牲者という口伝について、どんな答えを出してくれたのだろうか。全員がそうかということについては、答えはノーである。真っ先に疫病の犠牲者になると思われる子供の割合が少ないこと、夫婦と思われる男女が多く含まれていること、送葬が繰り返し行われていることなど、調査から見える「ヤッチのガマ」の被葬者像は短期間に疫病で亡くなった犠牲者のものとは重ならない。

フィールドノート

咽頭の構造

赤ちゃんに学ぶ人類進化

生まれたばかりの赤ちゃんはお乳を飲むのが仕事である。しかも、お乳を飲みながら呼吸をすることができる。別に当たり前だと思われるかもしれないが、これは赤ちゃんにしかできない技で、大人は飲み物を飲みながら同時に呼吸をすることができない。間違って飲み物が気管に入ってしまい、ひどい目にあったという人は多いのではないだろうか。

このような間違いが起こるようになったのは、実は、ヒトが直立2足歩行を獲得したことと関係がある。喉の奥の咽頭《いんとう》という部分が上下に長く延びて、空気と飲食物が同じところを通るようになってしまったからである（図を参照）。ただ、飲食物が通るときには喉頭蓋《こうとうがい》が気管の入り口を塞《ふさ》ぐ（※と▲が合わさる）ので、普通は間違いが起こることはない。

一方、直立2足歩行が未完成の赤ちゃんでは他の哺乳類と同様に咽頭が短く、喉頭蓋と軟口蓋《なんこうがい》（※と★）はほとんど接している。咽頭は空気専用の通り道になり、お乳は喉頭蓋の両側にできる隙間から直接食道に流れていく。空気の通り道と飲食物の通り道が分かれているので、赤ちゃんは呼吸を止めることなくお乳を飲むことができるというわけである。赤ちゃんは人類進化の教科書でもある。

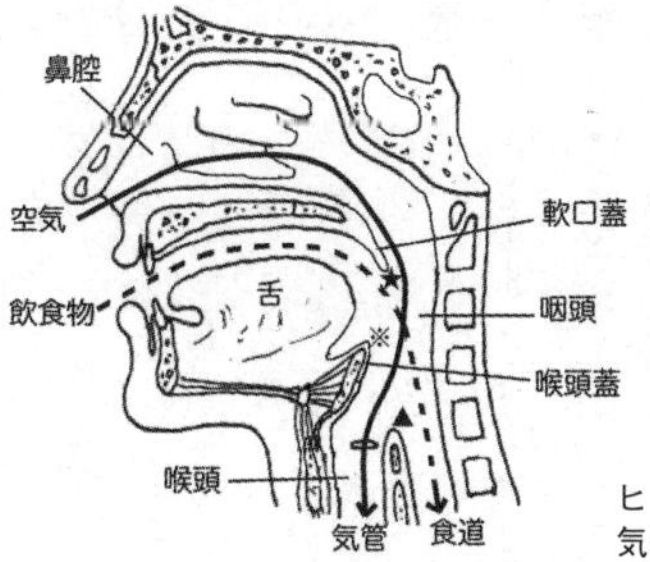

ヒトの咽頭の断面図（実線は空気の通り道、点線は飲食物の通り道）

南西諸島人骨格の再検討

アイヌ民族に比べ平坦な顔

本書23頁で紹介した「日本列島人の二重構造モデル」の中で、沖縄人は日本列島の辺縁部に位置する集団と位置付けられていた。外部からの遺伝的影響をほとんど受けることがなかったため、日本人の基層集団である縄文人の特徴を色濃く受け継いで現在に至っているというものである。また、北の辺縁部に位置するアイヌの人たちも同様に縄文人の特徴を保持しているため、アイヌと沖縄は似ているということになる。

沖縄で風葬墓人骨の調査を始めた目的の一つが、縄文人やアイヌの人たちに似た人骨を探すことだった。しかし、実際に見た人骨の特徴は予想とは少し違っていて、西表島のところでも書いたように、九州で見てきた人骨とそれほど違う印象を受けなかったのであ

風葬墓での人骨調査風景＝八重瀬町

る。もしかしたら、自分の見ている人骨がたまたま沖縄らしくないのかもしれない。二重構造モデルはあくまでも日本人全体を包括的にまとめた考え方であり、多少の例外があっても不思議ではないからである。

しかし、気になるので、あらためて検証してみたいと考えるようになった。幸いにも、この課題はアイヌ研究の第一人者である百々幸雄札幌医大教授（当時、後に東北大学教授）等との共同研究というかたちで実現することになった。

再検討プロジェクト

文部科学省科学研究費補助金（1993〜94年）によるプロジェクト「南西諸島人骨格の人類

学的再検討」がスタートした。プロジェクトでは二重構造モデルの柱の一つである「琉球・アイヌ同系論」の検証を大きな目的とした。そのために、辺縁部の北海道と沖縄・奄美（分析には沖縄に奄美の資料を加えている）、中心部の本土日本の3集団について、計測的形質と非計測的形質（神経や血管の通る穴など存否で表される形質）の両方のデータが揃う完全な頭骨のみを選び分析の対象とした。できるだけ詳細な検討を行うために、計測値だけではなく、遺伝的要因との関連が強いと考えられている非計測的形質についても同じ資料で分析するためである。

まったく同じ資料について複数の方法で分析を行った結果が同じであれば、それだけ信頼性は高くなるはずである。計測には新たに彫りの深さの指標として顔面平坦度を加えた。また、資料の偏りは結果を不安定にする可能性があるため、できるだけ多くの遺跡から資料を選ぶことにした。沖縄については風葬墓で現地調査を行い、データの充実を図った。

アイヌと似ていたか

データの収集を終えて分析が始まったところで、顔面平坦度の分析を担当した近藤修さん(当時札幌医大助手、後に東京大学准教授)から「沖縄は顔が平坦ですよ!」という驚きの一報がもたらされた。筆者が各地の風葬墓で見た人骨の印象が具体的な分析結果として出てきたのである。

3人とも最初は半信半疑で、元データのチェックや再計算をしてみたりしたが結果は同じだった。この結果は、一般的に誰もが感じている沖縄とアイヌに共通する「彫りの深い顔立ち」と矛盾するものである。

あらためて沖縄の人たちの顔を観察してみたり、結果をどう思うか沖縄の人に尋ねてみたりした。当事者が戸惑っていたのだから無理もないが、ほとんどの人たちの反応は「信じられない」というものだった。しかし、少なくとも骨で見る限り、沖縄の人たちの顔が平坦であることは事実なのである。このことは前項で紹介したヤッチのガマの人骨でも確認されている。

そこで次に、大量の計測値を分析する際に人類学でよく使われる多変量解析法、ここで

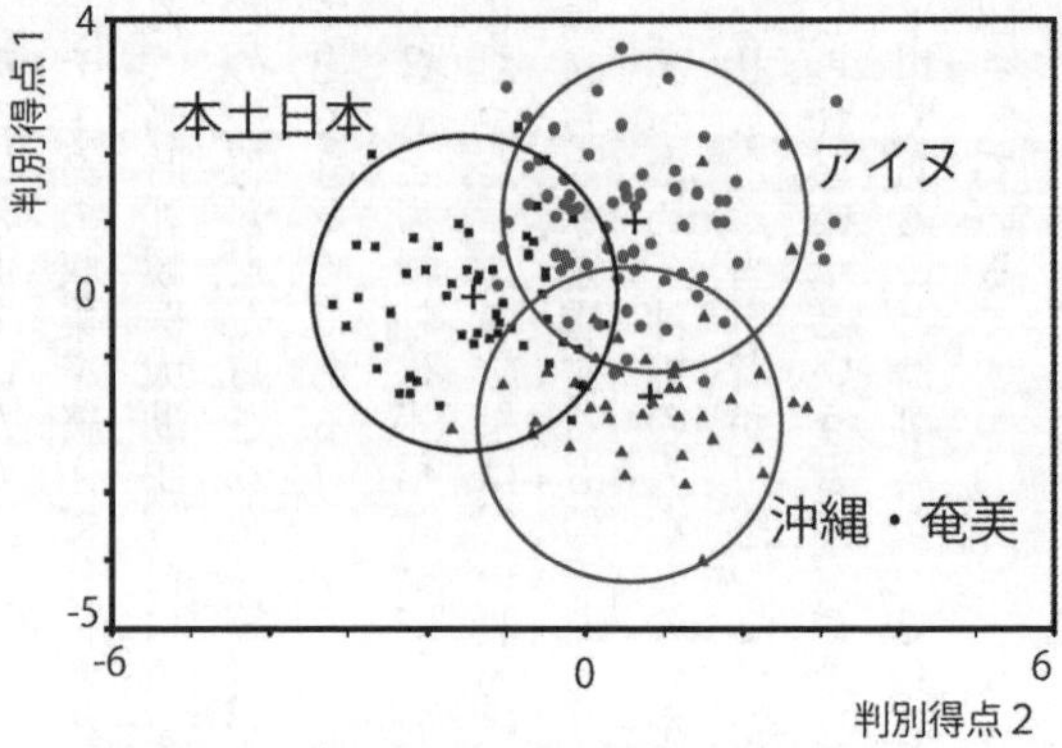

図1　頭蓋計測値による正準判別分析の結果（男性）

は特に、個々の頭骨がどのグループに属するかを推定するために正準判別分析法を用いて分析を行った。結果は、8割以上の確率でそれぞれのグループに正しく判別された。ほとんどの頭骨が沖縄・奄美は沖縄・奄美、アイヌはアイヌ、本土日本は本土日本と判別されたのである。

図1は男性について得られた判別得点を2次元平面にプロットしたものである。また、分かりやすくするために同じグループの分布範囲を円で囲んである。この図から分かることは、全体としては切れ目のない一つの集団であると同時に、それぞれの集団は互いに重なり合いながらも独自の特徴をもった集団であるということである。

沖縄・奄美とアイヌが特に大きく重なり合うわけ

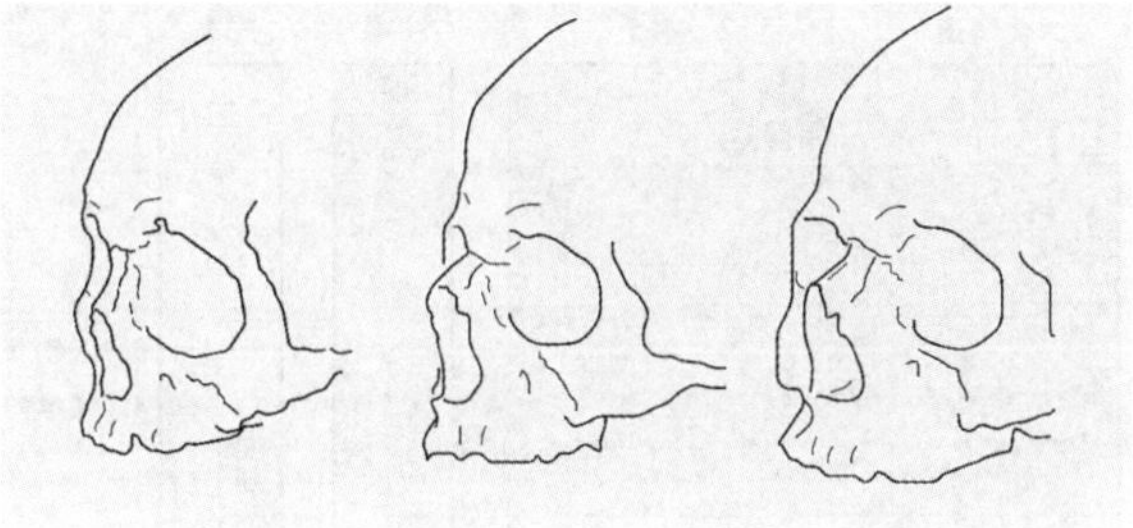

図２　（左から）沖縄、アイヌ、縄文の顔面部の比較。沖縄は特に鼻骨部分が平坦。アイヌ、縄文は百々（2007、「生物の科学遺伝－特集日本人の起源」）の写真を参考に作図。沖縄はヤッチのガマ（沖縄県立埋蔵文化財センター所蔵）の写真から作図

ではなかった。両者の最も違うところは彫りの深さ（顔面平坦度）である。また、非計測的形質の分析結果も計測値の結果と矛盾するものではなかった。

以上の結果はあくまでも骨のかたちから見える集団の関係であり、そのまま「アイヌ・琉球同系論」の否定に繋がるわけではない。系統を論じるには時間軸が問題になるからである。しかし、これらの結果によって、それまであまり注目されていなかった琉球列島が一気に人類学者の関心を集めることになった。

見えてきた課題

骨で見る限りではあるが、実は沖縄とアイヌの人たちの顔立ちがかなり違っていることが分かってきた（図2）。このことは沖縄人の成り立ちがそれほどシンプル

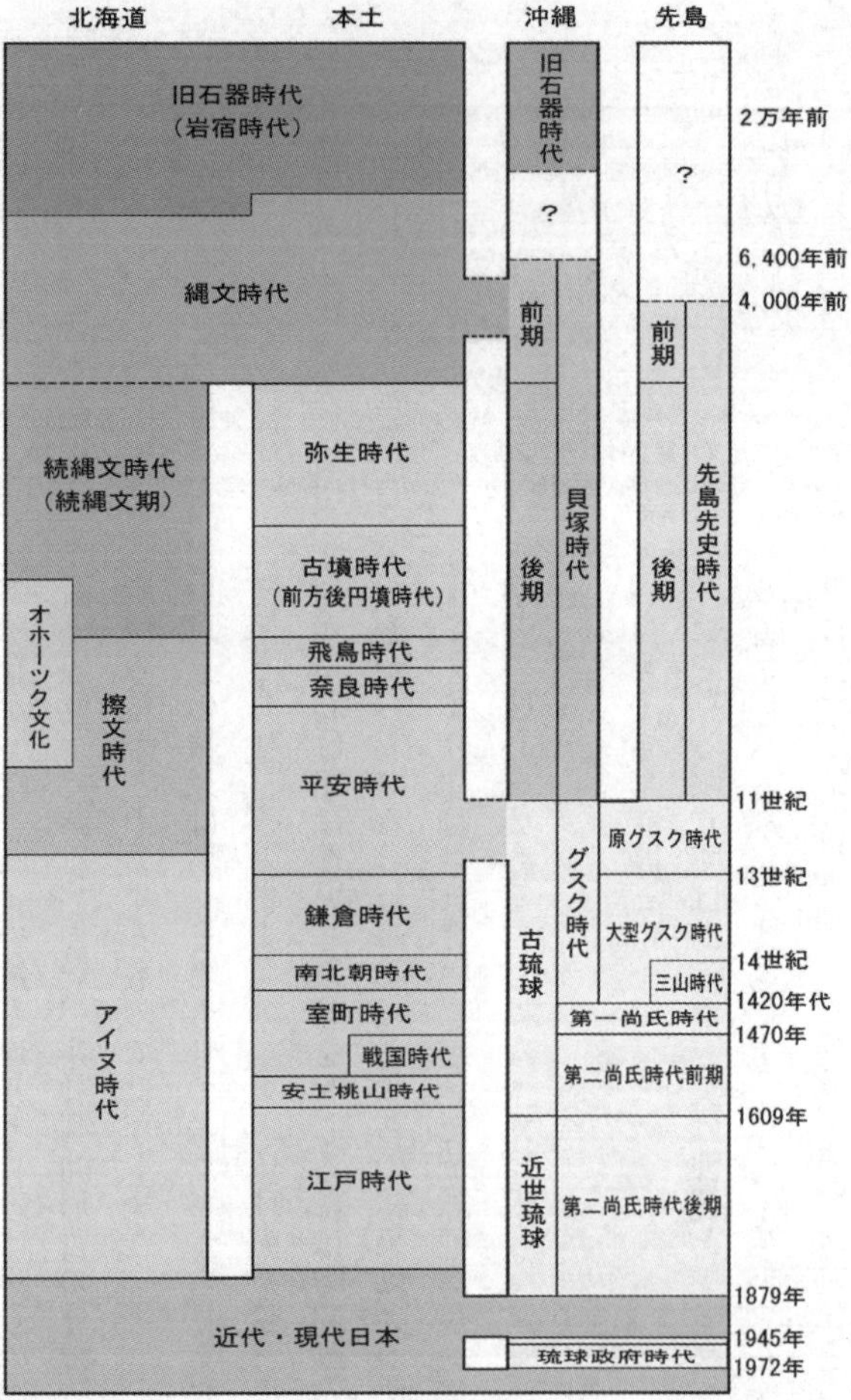

図3　北海道・本土・沖縄の歴史展開の概念図（安里進・土肥、2011、ボーダーインク、安里作図）

なものではないことを示しているように思われる。

三つの地域が同じ文化を共有するようになるのは近代になってからである（図3）。沖縄には琉球王国という国が存在し、周辺地域と活発な交易を行った歴史がある。二重構造モデルでイメージされるような隔離された地域だったわけではない。当然、人の交流もあったはずである。沖縄の人たちにどれくらいの外来遺伝子が関与しているのかは分からないが、沖縄が歩んだ独自の歴史を考えると独特の顔つきも理解しやすいように思われる。

しかし、これで沖縄人の成り立ちが分かったわけではない。琉球王国以前の沖縄人は縄文人と同じ顔つきだったのだろうか。それとも風葬墓で見た人たちと同じだったのだろうか。それによっては沖縄人の成り立ちを語るシナリオがまったく違うものになってくるからである。

風葬墓人骨の調査は沖縄人研究のスタート地点に立ったにすぎなかった。そして、当時はまだそれ以前の人骨資料がほとんどなく未知の世界に近かったのだが、先史時代の人骨を探るという次の新たな難題に取り組むことになった。

フィールドノート

祖先のたどった道

新たな自分を発見

筆者の顔は沖縄の人に似ているとよく言われる。九州出身だから近いと言えば近いのだが、宮古島や西表島のオバアに方言で話しかけられて、まったく意味が分からず困ったことがある。沖縄だけではない。共同研究のため訪問した台湾大学の病院で、外来受診に来たと思われるおばあさんに道を聞かれた(多分)ことがある。ポリネシアでも、クック諸島の子どもにナオミはマオリと同じ顔をしているのにどうしてマオリ語が話せないのかと不思議がられたことがある。筆者に限らず、こんな経験をした人は案外多いのではないだろうか。

思いがけないところで知らない人たちと繋がっていくのは、新たな自分を発見したようでそれだけでも楽しくなるが、人類学的にはしごく当たり前のことでもある。私たちの祖先はもともと日本列島（琉球列島）にいたわけではなく、国境などなかった先史時代に、周辺地域から渡ってきたのだから、当然、それらの地域の人たちと多くの特徴を共有しているはずである。

最近では遺伝子の情報も比較的簡単に得られるようになってきた。ちなみに、筆者のミトコンドリアＤＮＡは日本にも沖縄にも非常に少ないＭ８ａというタイプであることが分かった。周辺地域では中国大陸にマイナーなグループとして存在するらしい。

大陸とその周辺地域がアジア・太平洋に広がった人たちの共通の源郷であると言われているが、筆者の祖先はいったいどこからどんな道を辿って日本列島にやってきたのだろうか。ふとそんなことに思いを巡らせるのも楽しいものである。

先史時代人骨との出会い

種子島との相違探る

筆者が人類学の勉強を始めた九州大学には、金関丈夫・永井昌文両先生によって収集された千体を超す膨大な人骨資料が保管されていた。研究室の標本棚には「弥生人渡来説」の基になった渡来系弥生人骨をはじめ、縄文人骨、古墳人骨などが並んでいて、実物を見ながら人類学の勉強ができるという、人類学初心者にとっては願ってもないような環境だった。北部九州は朝鮮半島にも近く、渡来人によってもたらされた新しい文化が最も早く定着したところである。棚に並んだ人骨のほとんどは面長でのっぺりとした渡来系特有の顔つきだった。

ところが、その中に場違いと思われるような一角があった。種子島広田遺跡の人骨が並んだ棚である。今になって思えば、この独特の顔つきの広田遺跡人骨との出会いがなければ、筆者の沖縄での研究生活はなかったかもしれない。

種子島広田遺跡の人骨

広田遺跡は弥生時代後期後半（約1800年前）から7世紀頃の埋葬址で、1957～59年に、国分直一・金関丈夫先生等による発掘調査が行われ、100体を超す人骨と大量の貝製装飾品が出土した遺跡として知られている。その後、2003～06年には南種子町による調査が行われ、2008年に国の史跡に指定されている。

人骨については、金関先生の著書等で詳しく紹介されているが、集団の位置付けについては不明な点が残されたままだった。種子島以外に類例がなく、比較しようにも周辺の情報がほとんどなかったからである。弥生人とは明らかに違っているのだが、本土縄文人ともどこか違うのである。全体的にサイズが小さいことが一番の特徴である。

また、上から見た頭の形が極端に丸く、おむすびのような形をしている。当時は資料がなく、南の日本列島人を知る手がかりはほとんど広田遺跡人骨に限られていた。しかし、

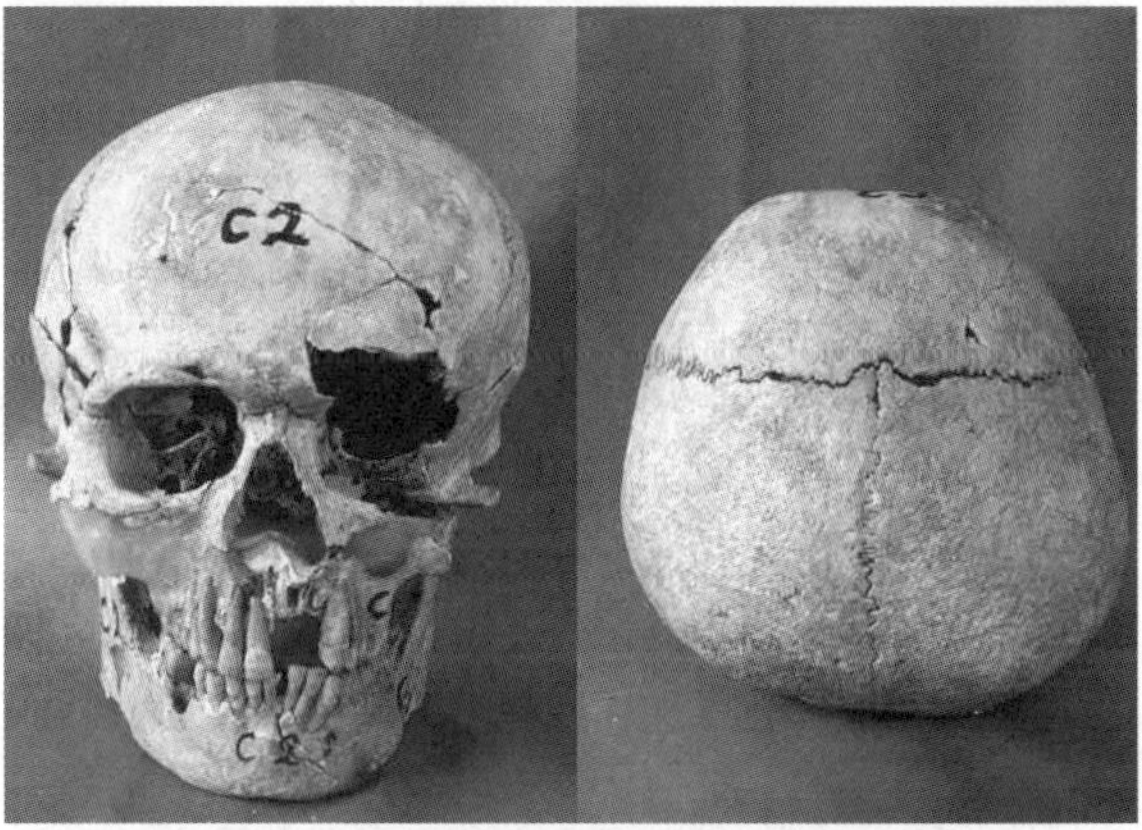

種子島広田遺跡の男性頭骨（九州大学総合博物館所蔵）

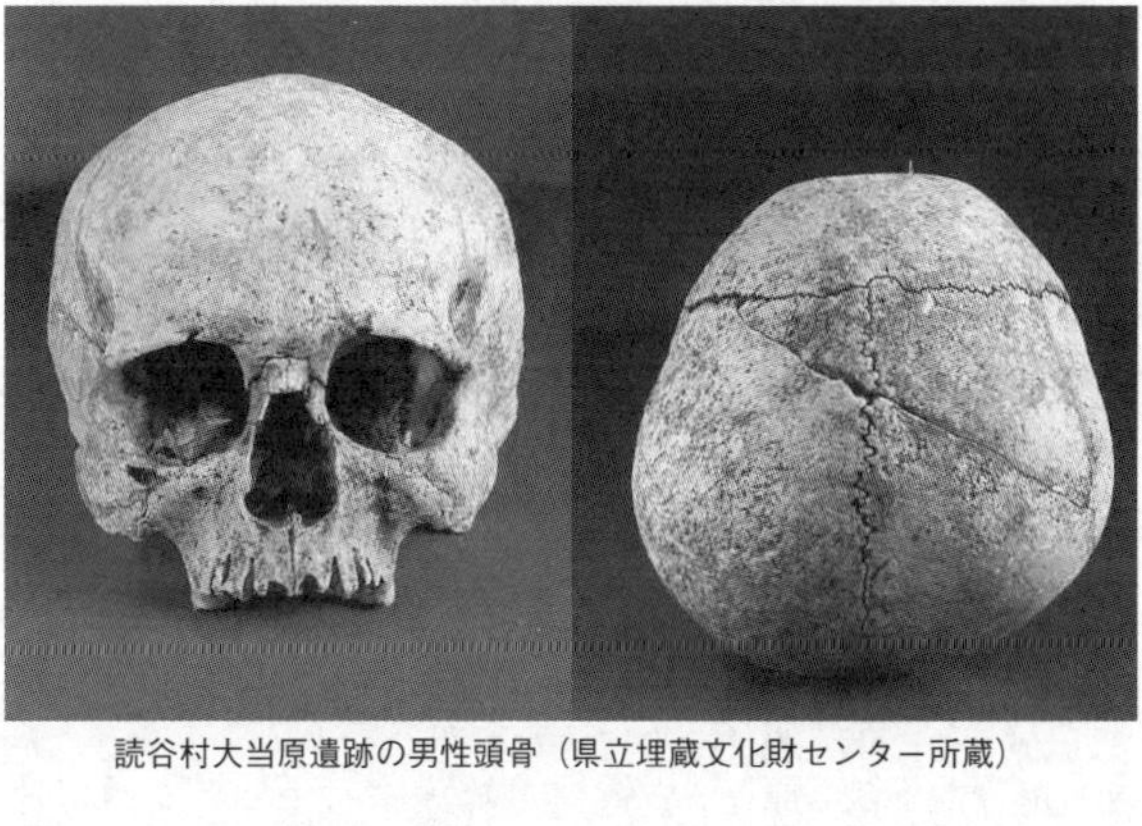

読谷村大当原遺跡の男性頭骨（県立埋蔵文化財センター所蔵）

この独特の特徴で琉球列島全体を語って良いものかどうか。広田遺跡の人骨は「琉球列島の人骨を知らないで日本列島人を論じることはできない」と言っているように思えて仕方がなかった。

木綿原と大当原《うふとうばる》の調査

琉球大学に赴任してすぐに風葬墓の調査を始めたのは既述の通りなのだが、それと並行して取りかかったのが沖縄の先史時代人骨を調査することだった。しかし、前回の連載でも触れたように、すぐに調査できるような先史時代人骨はほとんど皆無に近かった。県外に流出した資料が多かったのも残念なことだった。

唯一、調査可能だったのは読谷村歴史民俗資料館に保管されていた木綿原遺跡の人骨である。木綿原遺跡は弥生時代相当期を主体とする遺跡で、1975~77年に同館によって発掘調査が行われ、県内初の箱式石棺墓群が発見されたことで話題になった。出土した17体の人骨については、佐野一先生(当時、琉球大学医学部教授)の報告がある。

木綿原人骨の特徴には個体差が見られたが、頭の形が丸く全体に小柄であることなど、

兼城資料室での人骨調査

広田の人骨と共通する特徴も見てとれた。

その後、木綿原以外にも佐野先生収集の資料があることを知ったが、先生はすでに故人となっておられたためその所在がなかなか分からなかった。県教育委員会の兼城資料室（糸満市）で見つけた時は本当にやっと前に進めるという気がしたものである。

兼城資料室での人骨調査は興奮の連続だった。広田遺跡と同じ特徴の人骨を見つけたのである。読谷村大当原遺跡は広田遺跡とほぼ同時期の崖葬墓で、約18体の保存良好な人骨が出土している。その中に広田遺跡とそっくりの頭骨があった。

沖縄にも広田遺跡で見られたような独特の特徴を持つ人たちがいたのである。少ない調査例で琉球列島全体を語ることはできないが、種子島と沖縄諸島のつながりが見つかったことは大きな前進だった。

具志川島遺跡群の調査

伊平屋島と伊是名島の間に具志川島という小さな島がある。現在は無人島になっているが、この小さな島に沖縄人の謎を解く鍵になりそうな遺跡がある。具志川島遺跡群である。1976年から2009年にかけて、伊是名村教育委員会と県立埋蔵文化財センターによる発掘調査が断続的に実施され、縄文時代後期の保存良好な人骨が出土している。砂丘地の岩陰を利用した崖葬墓で、沖縄で初めて貝製腕輪を装着した人骨が発見されている。

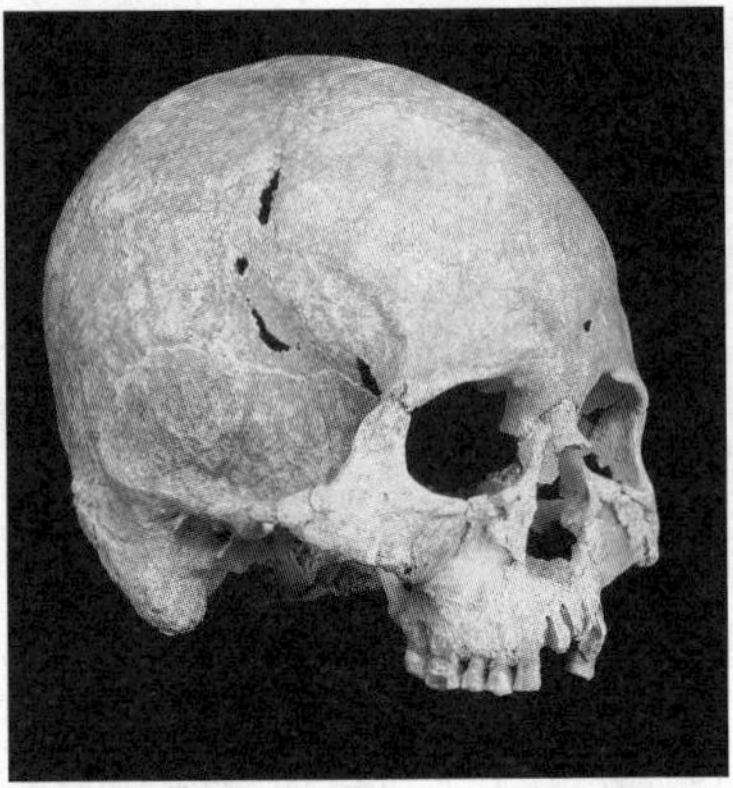

具志川島遺跡群（岩立〈しいたち〉遺跡西区）の男性頭骨（県立埋蔵文化財センター所蔵）

筆者は2006〜09年に行われた県立埋蔵文化財センターの発掘調査に参加させてもらったが、この調査時にも精緻な透かし彫りのある貝製装飾品が発見されて大きな話題になった。出土した人骨は保存も良く、沖縄縄文人の特徴を知ることのできる貴重な資料である。

全体的に小柄で頭が小さく丸いという特徴は広

田や大当原と共通するが、彫りの深い顔つきはどことなく本土縄文人にも似ているように思われる。自分で取り上げたという特別な愛着もあるが、沖縄縄文人の代表に相応しいきりりとした風貌である。

残された課題

沖縄先史時代人は、全体としてはこれまで述べてきたように、小柄で頭の形が丸いという種子島とも共通する特徴をもっていた。しかし、集団内にも集団間にも変異（個体差）が認められる。鋳型で作られたかと思うほど均質な種子島の人骨とは違うところである。

「頭骨を三つ見て何も読みとれなかったら、形態学者としては失格」というのが筆者の恩師だった永井昌文先生の口癖だった。恩師の言葉を借りれば、琉球列島を北部、中部、南部の3点で結ぶことができたら、南の日本列島人を論じることも可能になるに違いない。北部（種子島）と中部（沖縄諸島）は少し見えてきたが、三つ目の点（先島）は10年以上探し続けても繋がらなかった。ほとんど諦めかけた時に発見されたのが石垣島白保竿根田原洞穴遺跡の人骨である。しかも一気に旧石器時代まで遡ったのである。これからの展開が何とも楽しみで仕方がない。

フィールドノート

プラスに転じた「骨運」

新たな「顔」復元の期待

ひとりの人間のもっている運の量は大体決まっていて、最終的にはプラスマイナスゼロに近くなるものだと聞いたことがある。あまり気にしたことはなかったが、最近になって、もしかしたらそうかもしれないと思うようになった。

実は、筆者は日本一「骨運《ほねうん》」の悪い人類学者だと言われてきた。先島の先史時代人骨発見を目指して10年以上も試掘を続けたのに、探し求める人骨になかなか出会えなかった。また、発掘調査で保存の良い埋葬人骨に当たったことがない、などなど。確かに運が良いとは言えなかった。そんな筆者を気の毒に思ったのだろう。「大丈夫。これまでマイナスの運を貯《た》め続けてきたのだから、次は必ずプラスの運がやってきますよ」と励ましてくれた友人がいる。半分冗談だったと思うのだが、不思議なことにこの数年、筆者の骨運はプラスに転じたようで、20年前には想像すらしなかったような発見が相次いでいる。

現在、調査を進めている石垣島白保竿根田原洞穴遺跡の人骨は約２万年前の旧石器時代から約４千年前の下田原期を中心とする人骨である。質感も形もとにかく独特で、見ていて飽きることがない。その上、どうやら港川人以来となる新たな旧石器時代人の顔が復元できそうになってきた。現在、県立博物館・美術館の藤田祐樹さん、国立科学博物館の河野礼子さん等との共同研究で、デジタル技法を用いた顔復元プロジェクトが進行中である。新しい沖縄旧石器時代人の顔と対面できる日もそれほど遠くないと思う。日本一骨運に恵まれなかった筆者にこんな最高の運が廻って来るとは、骨運も分からないものである。

先史時代人のくらし

サンゴ礁の海に適応

琉球列島は約3万年前から人が住み続けた世界でもめずらしい島だと言われている。海に囲まれた先史時代人のくらしはどのようなものだったのだろうか？　骨はどんなことを語ってくれるのだろうか？

15頁の「骨から読み取れるもの」でも述べたように、骨は生活情報の宝庫でもある。骨の表面にある突起や凹《へこ》みなどは、筋肉や靭帯《じんたい》の付着部、隣接する骨との関節面、神経や血管の通路というように、それぞれに固有の役割をもっている。骨は硬い組織であるため、一度出来上がった形はそのまま変わらないと思われるかもしれないが、生きている人間の骨は活発に代謝を繰り返し、形を変えている。骨は使えば使うほど頑丈になると言われるが、それは加わる力に対抗するために骨が強度を増しながら形を変えていくからである。一方、使い過ぎると、壊れたり変形したりする。また、加齢によっても徐々に変形していく。約200個の骨で構成される人間の全身骨格には、そのひとつひとつに生活の痕跡が残されている。骨は持ち主の一生の履歴書とも言えるのである。

貝塚時代人の体型

周囲を海に囲まれた島で生きた先史時代人の生活は、当然、海の資源を利用し、海に適応したものだったと推測される。しかしながら、琉球列島に今と同じような穏やかなサンゴ礁の海が形成されたのは約4000年前の貝塚時代（前Ⅳ～Ⅴ期）と考えられている。資源利用のあり方などから琉球列島の人類史を研究している札幌大学の高宮広土教授は、狩猟採集の沖縄先史時代人がサンゴ礁資源を利用する島嶼《とうしょ》環境への適応を成し遂げたのはこの時期であると述べている。

このような生業の変化は人間の体（骨格）にも影響を及ぼすはずである。例えば、獲物を追いかけて野山を走り回った狩猟採集の縄文人と、足場の悪い水田で作業をした稲作農耕の弥生人では下肢骨の特徴が明らかに違っている。前後方向への体重移動が多い縄文人の断面形は前後方向に長くなる傾向を示すが、どっしりと構えて農作業をする弥生人の下肢骨は頑丈で、断面形は丸みを帯びている（図1）。

残念なことに、現在得られている沖縄の先史時代人骨は島嶼環境に適応した後のものがほとんどであるため、生業の変化を骨から実証するのは難しい。したがって、ここで紹介できるのは島嶼適応した沖縄貝塚時代人のくらしということになる。

リーフの発達したサンゴ礁の海で食糧を採取した貝塚時代の人骨はどんな特徴を示すのだろうか？　図1は大腿骨中央部の断面形を示している。沖縄貝塚時代人の大腿骨断面形は横方向に大きな力が加わったことを示している。足場の悪いラグーン（礁湖）での生業活動は転ばないようにバランスを取るのが大変だったのだろう。

体型についても海への適応を示す特徴が認められる。櫓《ろ》を漕《こ》いだり、泳いだり、上肢を使うことの多い漁師や船乗りは上半身が発達すると言われるが、貝塚時代人の上肢は下肢に比べて明らかに頑丈であることが分かっている。また、日常的な冷水刺激によるとされる外耳道骨腫が高頻度で出現することは、本書のフィールドノート（43頁）でも触れた通

沖縄貝塚時代人のくらしを示すイメージ図（青山奈緒画）

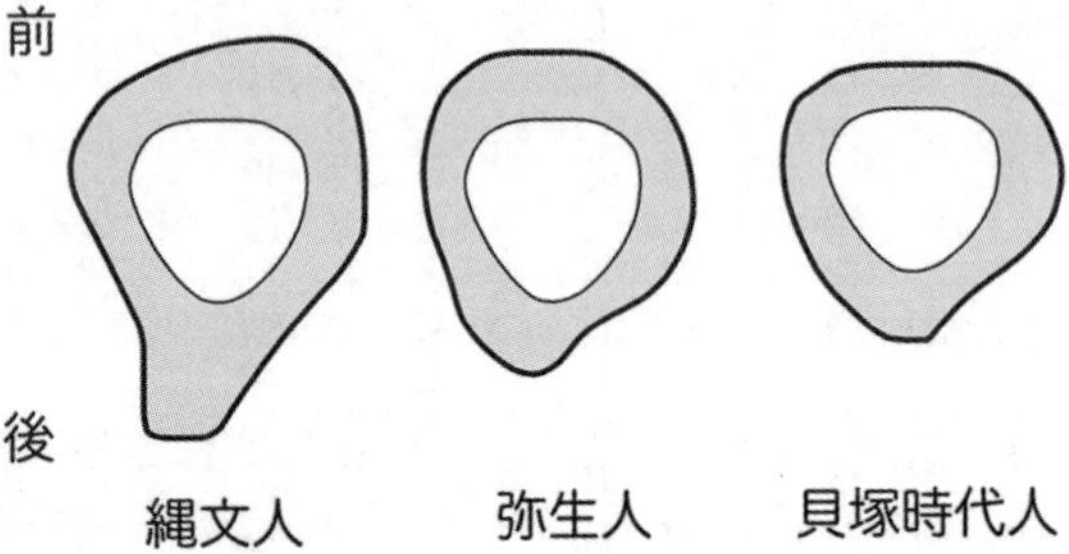

図１　大腿骨骨体中央部の断面形

りである。

貝塚時代人は、貝製品の材料となる大型の貝を求めて九州からやってくる人たちを通して稲作の情報を得ていたにもかかわらず、あえて受容しなかったのではないかと言われている。ラグーンの発達した豊かな海への適応を果たした貝塚時代人のくらしは、それほど豊かで安定したものだったのではないだろうか。

豊かな貝の文化

人骨調査を通して当時の社会や文化を知ることもできる。沖縄の遺跡から出土する人骨には装身具などの副葬品を伴うものが少ない。墓地に限らず集落跡から出土する装身具もわずかしかないため、沖縄はそれらの素材となる大型貝の供給地として位置付けられるのが一般的である。

ところが、2005~07年に文部科学省科学研究費の補助を受けて行った具志川グスク崖下地区（うるま市）の発掘調査では、これまで確認されていなかった豊かな貝文化の存在が明らかになった。具志川グスク崖下地区は1995年にうるま市教育委員会（旧具志

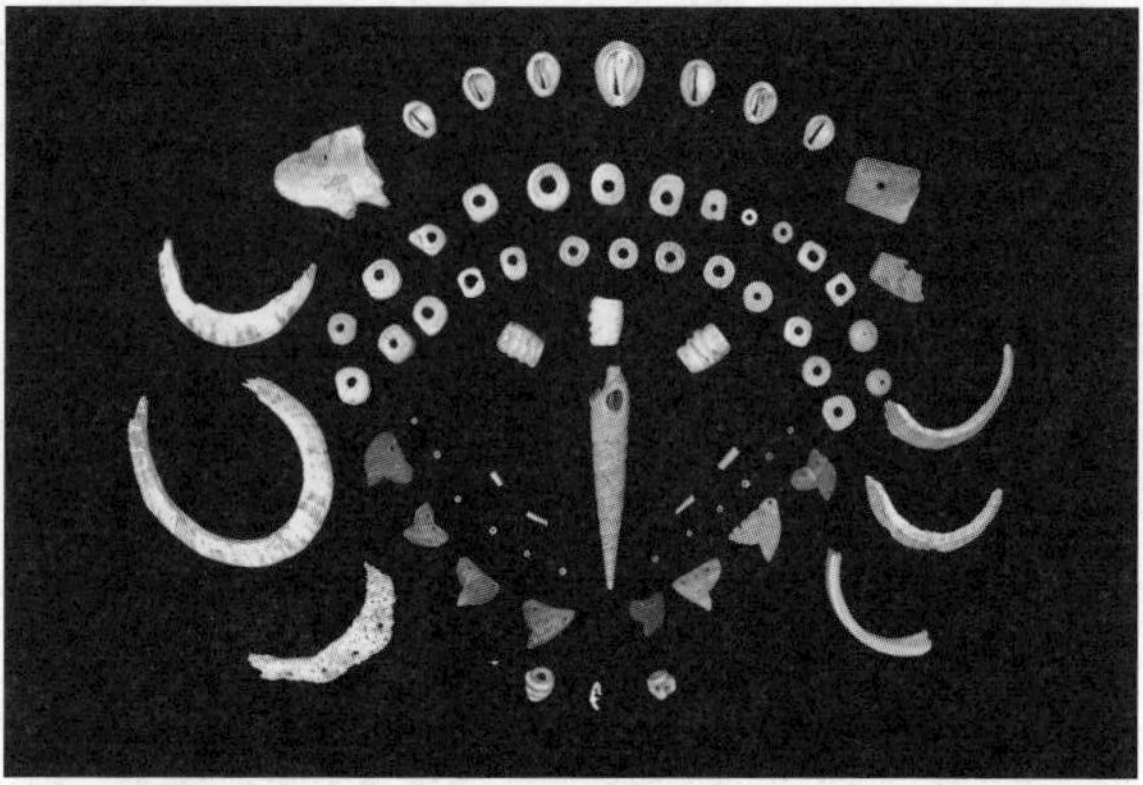

うるま市具志川グスク崖下地区出土の貝製装飾品（恩納村博物館崎原恒寿氏提供）

川市教育委員会）によって発見された貝塚時代後期前半（弥生時代後期相当）を主体とする崖葬墓で、火葬骨や焼骨を含む多数の人骨が確認されていた。うるま市教育委員会の協力のもと、筆者らは新たな貝塚時代人骨の収集を目指して発掘調査を行った。

残念なことに、人骨はすべて2次的に再葬されたものばかりで、筆者らが期待した保存良好な頭骨は見つからなかった。しかし、出土する土器は九州から持ち込まれたと考えられる弥生土器がほとんどであり、種子島広田遺跡と類似する貝製品やガラス製ビーズが出土するなど、毎日が興奮の連続だったことを覚えている。特に圧巻だったのが貝製品の出土である。4万点を超す精緻な貝製品が出土した広田遺跡とは質・量ともに比べようもないが、ほぼ同時代に両地域に共通する貝の文化があったことを確認できたことは大きな成果だった（写真参照）。

広田人と貝塚時代人

そこで気になるのが広田遺跡と具志川グスク崖下の人々の関係である。遺物の特徴からみても両地域に密接な関係があったことは疑いようがない。具志川グスク崖下は素材の貝を求めて種子島からやってきた人たちの墓だったのだろうか。重要なヒントが具志川グスク崖下の下顎骨に残されていた。帰属集団との関係を示すと言われる風習的抜歯の痕跡である。

通過儀礼として健康な歯を抜く抜歯そのものは、先史時代の集団に普通に見られる

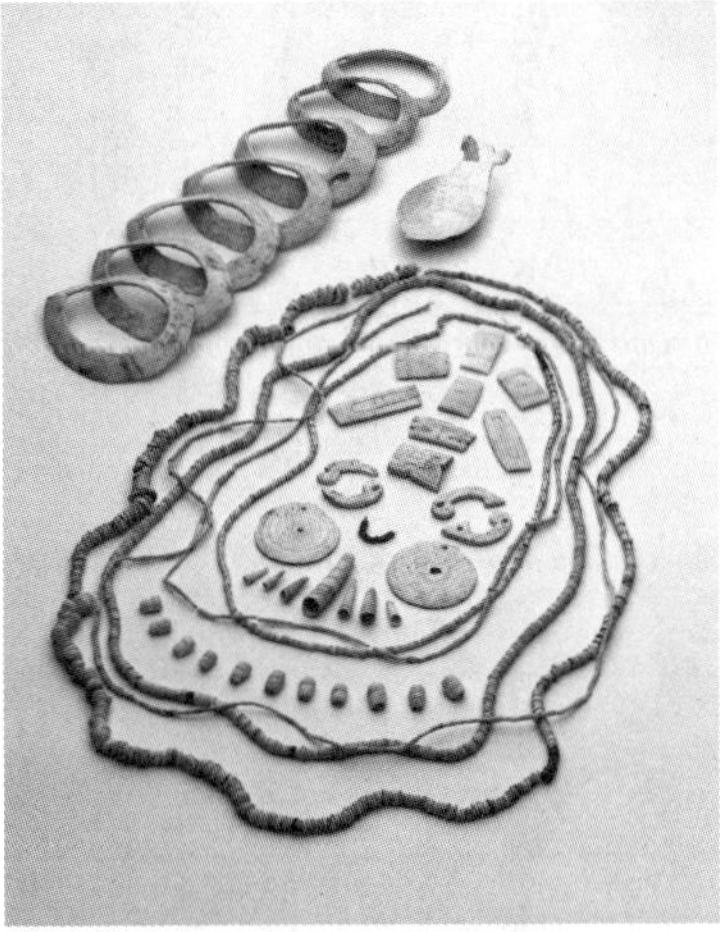
種子島広田遺跡出土の貝製装飾品（鹿児島県南種子町教育委員会提供）

的な風習であるが、抜かれる歯に地域性があるのだ。具志川グスク崖下では沖縄諸島に特徴的な下顎切歯4本が抜かれていたが、広田には下顎の歯を抜く風習はなく、上顎の側切歯を片側だけ抜いた例がほとんどである。両者は明らかに帰属集団が違うことをアピールしているのである。一方、生物学的には、形質的にほとんど均質な広田集団は、多様な形質をもつ沖縄の集団に比べると集団の歴史が浅いと考えるのが一般的である。

人類学的には、広田人に似た沖縄の集団が種子島に渡った後に、貝の文化を開花させたと考えたいところである。その謎を解く鍵となる種子島の人類史解明が待たれる。

フィールドノート

ドリームチーム

研究前進に不可欠な援軍

発掘調査は誰にでもできるわけではない。発掘調査は結果として貴重な遺跡を破壊することになるので、文化財保護法という法律で厳しい規制がかけられている。もちろん、発掘調査の担当者にも十分な資質が要求される。人類学が専門の筆者は学術調査を企画することはできるが、考古学的知識が不十分なため、発掘担当者になることができない。そこで、発掘に関しては考古学の専門家に協力をお願いすることになる。

筆者の目的は沖縄の歴史の空白を埋めてくれる新たな人骨の発見である。当然のことながら、結果が出るかどうかも分からないプロジェクトの協力者を見つけることは難しかった。そんな時に、「一緒に夢を追いかけましょう！」と手を挙げてくれた人たちがいた。県内各地の教育委員会で発掘調査を担当する若者たちである。若い優秀なプロたちが行政の壁を超えて集まった、まさに「ドリームチーム」の誕生である。

彼らは休暇を利用しながら、ほとんど手弁当で人骨を探す発掘調査に参加してくれた。うるま市の具志川グスク崖下地区の発掘調査で沖縄の豊かな貝文化を明らかにしたのは彼らの力である。

それから約10年、共に夢を追ってきた彼らは今や沖縄考古学界の中心メンバーとして活躍している。筆者の人骨研究が少しずつでも前進できたのは、彼らの粘り強い応援があったからに他ならない。柔軟な頭脳と旺盛な好奇心をもつ彼らがリードする沖縄考古学の未来は大いに期待できると思う。

沖縄人形質の時代変化

現代人との大きな差

風葬墓や古墓で見た近世・現代の沖縄人の特徴は、「二重構造モデル」で想定された縄文人やアイヌの人たちの特徴とはかなり違っていた。骨で見る限り、アイヌや縄文人に比べて平坦な顔つきであることが分かったのである。一方、先史時代人についても、縄文人と共通する特徴はあるものの、全体的に小柄であること、かなりの変異があることが分かってきた。

何よりも衝撃的だったのは先史時代人と近・現代人の形質に明らかな違いがあることだった。沖縄人の成り立ちは、縄文人の祖先となった人たちが辺縁部に隔離されてそのまま現在に至ったという、シンプルなシナリオでは説明が難しいことが分かってきたのである。

形質の時代差

図1は南西諸島の先史時代人と本土の縄文人、渡来系の弥生人、南西諸島および他地域の近・現代人について、集団の関係を調べた結果である。男性の主要な頭蓋計測値9項目を主成分分析法という解析法を用いて分析している。主成分分析法というのは、多数の変量のもつ情報を少数の主要な成分に要約する手法である。ここでは9項目の頭蓋計測値を二つの主要な成分に要約している。抽出された第1主成分は顔のプロポーション（右が面長、左が丸顔の傾向）を、第2主成分は全体的な大きさ（上が大きく、下が小さい傾向）を示している。

南西諸島の先史時代人（★）は全体的に小さく丸顔（左下）であることが分かる。一方、縄文人（■）は丸顔の傾向は

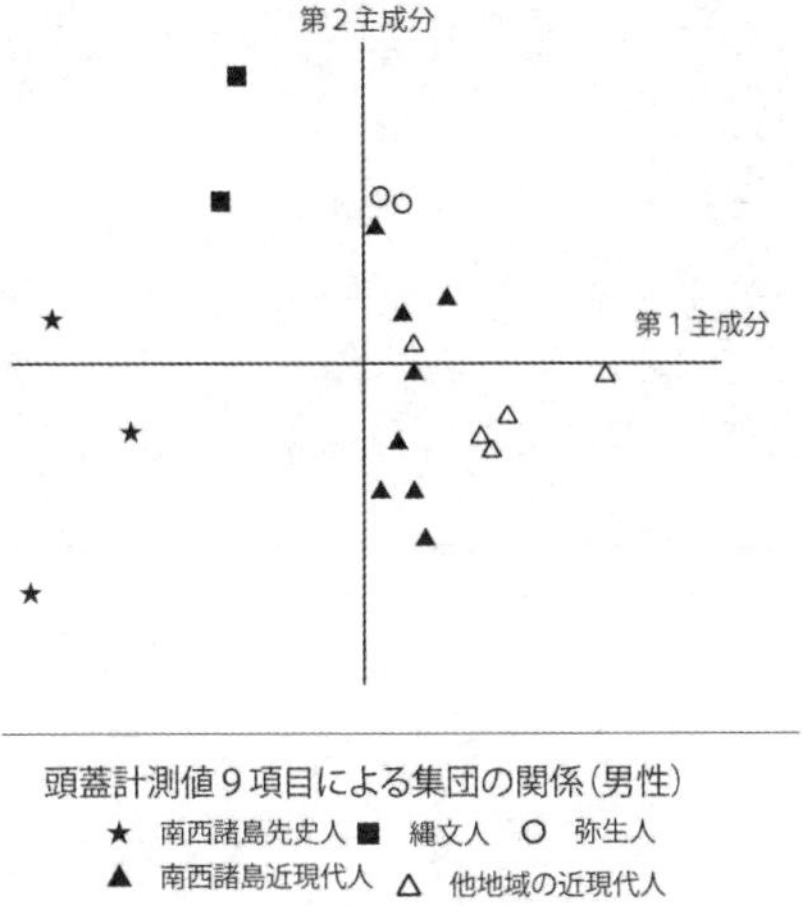

図1　頭蓋計測値9項目による集団の関係（男性）。★＝南西諸島先史時代人、■＝縄文人、○＝弥生人、▲＝南西諸島近現代人、△＝他地域の近現代人

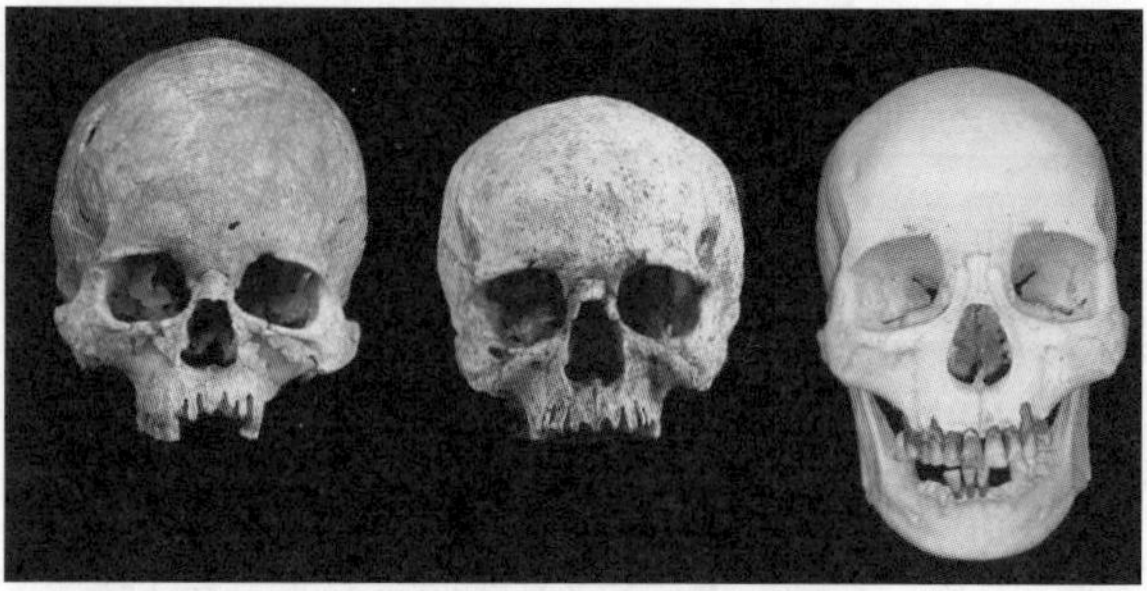

沖縄人の形質変化（左から具志川島岩立西区、大当原貝塚、ヤッチのガマの男性頭骨）。具志川島と大当原の先史時代人は、鼻痕部から歯の付け根までの長さが近現代人に比べて短く丸顔である。一方、ヤッチのガマ近現代人は全体的に面長になる（下顎骨を除いても）（県立埋蔵文化財センター所蔵）

あるが、全体的に大きい（左上）。弥生人（○）は全体的に大きく面長な顔立ち（右上）である。近・現代人（△▲）はいずれも全体的にサイズは小さいが面長な傾向（右下）を示している。南西諸島先史時代人と縄文人には大きさ以外の特徴に共通点が認められるが、その意味付けについては遺伝子解析の結果等も待って総合的に検討していきたい。

ここで注目したいのは、南西諸島の中の先史時代人と近・現代人の位置関係である。近・現代人の地域差（△と▲の差）よりも同じ地域内の時代差（★と▲の差）の方が明らかに大きいことが分かる。また、系統が異なるとされる縄文人と弥生人の差（■と○の差）よりも大きくなっていることに注目したい。図上の距離は比較集団の構成によっても影響されるので、そのまま絶対的な距離と考えることはできないが、それにしてもこの時代差の意味は大きい。人骨の観察から見えた時代差が統計解析によっても裏付けられたのである。

時代差が意味すること

沖縄人の形質に時代差があることは、沖縄で人骨の調査研究を始めるまでは予想もしなかったものだった。当時はあまりに衝撃的だったので何度も自問自答したものである。調査した資料に偏りがあるのではないか？　一般化するには資料数が少なすぎるのではないか？　分析に間違いがあるのではないか？　自分の観察力が未熟なのではないか？　しかし、20年間の調査研究を経ても、この結果は変わらなかった。

沖縄人の成り立ちに関して、この時代差から考えられるシナリオは三つである。①渡来人が先史時代人を滅ぼして交替した②先史時代人と渡来人の混血によって変化した③生業の変化で先史時代人の形質が変化した――。実は、これらのシナリオは日本人の起源論争の中で議論された渡来人をめぐるシナリオそのものでもある。沖縄の人骨は、彼らの歴史が日本列島の片隅で静かにひっそりと形成された集団というイメージでは語れないことを強く主張していたのである。

鍵握るグスク時代人

沖縄で経験したカルチャーショックの一つが各地に築かれたグスクだった。これだけの建造物を築くエネルギーとそれを支えた社会はどのようにして出現したのだろうか。先史時代との関係はどうだったのだろうか。時代変化の謎を解く鍵を握っているのがグスク時代人であることは疑いようもなかった。

しかし、悔しいことに、課題が見えているにもかかわらず、なかなか前に進むことはできなかった。なぜかグスク時代の人骨がほとんど見つかっていなかったのである。先史時代と近世の間の人骨資料がすっぽりと欠けていた。

大規模な石積みの城壁があるということは、それを築いた大勢の人間がいたということである。彼らはいったいどこに消えてしまったのだろうか。社会の階層化に伴って、ほとんどの人たちは墓が造れなくなってしまったのだろうか。何かが起きている、何かが変わっているとしか思えない。

1998~2000年に県立埋蔵文化財センターによる発掘調査が行われた伊佐前原第1遺跡（宜野湾市）で、待望のグスク時代の墓地が発見された。早速、調査に参加させてもらったが、残念ながら人骨の保存状態が悪く、形質の特徴を知ることはできなかった。ただ、葬制・墓制に関する貴重な情報が得られたことは大きな収穫となった。

墓地は海岸線からはかなり内陸に入った国道58号伊佐交差点近くの台地上に造られており、墓は土壙墓と木棺墓各2基が確認された。墓の立地も葬法も先史時代とはまったく違うものになっている。伊佐前原第1遺跡の調査は、グスク時代人が沖縄人の形質変化の鍵を握っていることをあらためて確信させてくれた調査でもあった。

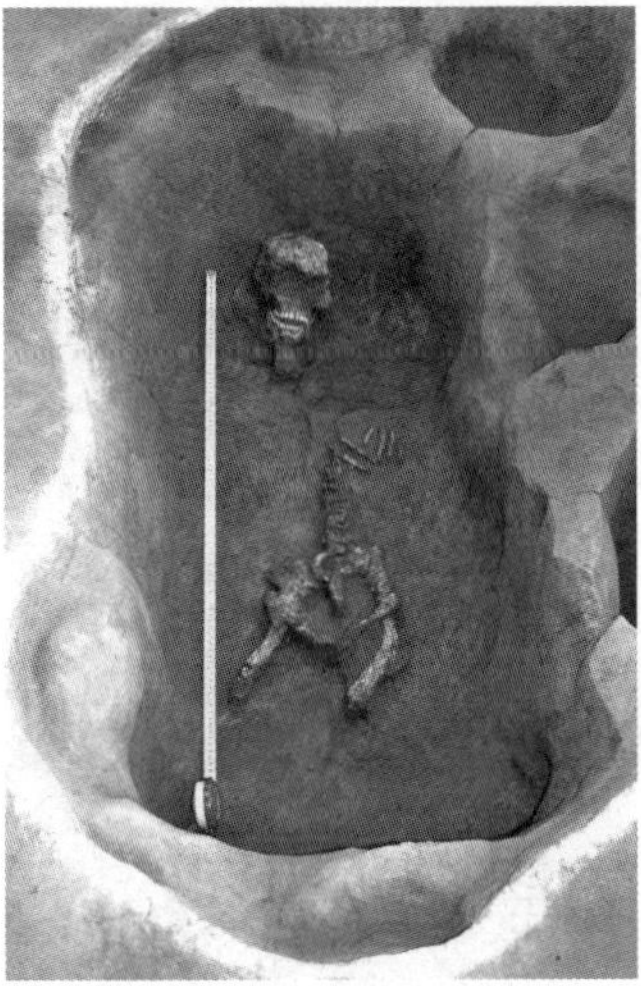
宜野湾市伊佐前原第１遺跡の人骨出土状況
（保存状態が極端に悪い）

すっぽりと抜け落ちていたグスク時代の人骨は、最近になってやっと少しずつ見つかってきている。浦添ようどれ、首里城右掖門西方岩陰、ナカンダカリヤマ

宜野湾市伊佐前原第１遺跡の調査風景

（那覇市首里）、百按司墓（今帰仁村）、そして、最近話題になった義本王の墓（国頭村）等々である。

グスク時代は農耕の定着、階層社会への転換という沖縄の歴史における一大画期となった時代である。周辺地域との活発な交流もあったと考えられている。グスク時代の人骨はこのような激動の時代を生き抜いた証人でもある。彼らはどんなことを語ってくれるのだろうか。次項はそんなグスク時代人骨について紹介したい。

フィールドノート

ミッシングリンク

沖縄にも三つの環

古い話になるが、イギリス出身の人類学者、ルイス・リーキー、メアリー・リーキー夫妻がアフリカで約200万年前の人類化石を発見したのは1964年のことである。ホモ・ハビリスと命名されたその化石は、当時、ヒトと類人猿をつなぐ人類進化の「ミッシングリンク（失われた鎖の環《わ》）」として大きな話題になった。アフリカの大地に眠るミッシングリンクを想像しただけで何となくドキドキしたものである。1974年には「ルーシー」と名付けられた約300万年前の猿人化石がエチオピアで発見されている。

話は少しそれてしまうが、60年代～70年代はイギリスのロックグループ「ザ・ビートルズ」の時代でもあった。猿人化石の「ルーシー」という名前が、彼らの大ヒット曲「ルーシー・イン・ザ・スカイ・ウイズ・ダイアモンド」にちなんでいることはあまりにも有名な話である。現在では、さらなる新発見や研究の進展によって、ヒトと類人猿をつなぐミッシングリンクは約700万年前にまで遡《さかのぼ》っている。

アフリカに比べるとスケールは小さいが、沖縄の人類史にもミッシングリンクが存在する。貝塚時代と近世の間、港川人と貝塚時代人の間、先島諸島の先史時代である。最初の環であるグスク時代については少しずつ明らかになってきているが、後の二つについては、失われた環があまりにも多く、一朝一夕には繋《つな》がりそうにない。沖縄のミッシングリンク探しはまだまだこれからである。

浦添ようどれの調査

王族の頭骨を復元

「浦添ようどれ」の人骨調査は、沖縄で経験した人骨調査の中で最も印象深い調査の一つだった。浦添市教育委員会による発掘調査は1996年から2004年に行われたが、筆者は02年から03年の人骨調査に参加させてもらった（写真1、2）。

中山王英祖（在位13世紀後半）と第2尚氏7代王尚寧（在位1589~1620）が葬られたとされる「浦添ようどれ」の調査は、琉球王国の謎を解く鍵が見つかるのではないかと注目され、2002年の墓室公開時には多くの市民が長蛇の列をなして見学に訪れた。現場見学会で、あれほどの人が集まったのはその後も見たことがない。市民の方からの問い合わせや情報が大学の研究室にまで寄せられたことも驚きだった。しかし、それほ

写真１　「浦添ようどれ」（2002年調査時）

写真２　英祖王稜墓室内（2002年調査時）

どまでに注目された中での人骨調査は、いざ始まってみると予想外の事態が相次ぎ、予備調査をもとに作成した調査計画は最初から見直しを迫られることになった。

そして、最後には驚きの結末も待っていた。「浦添ようどれ」の人骨そのものが予想もしなかった沖縄人の歴史について語ってくれたのである。

個人の墓ではなかった

一般的には、「浦添ようどれ」は英祖王と尚寧王という2人の王が葬られた陵墓というイメージが強かったのではないだろうか。しかし、実際は王だけが葬られた墓ではなかった。と言っても、このこと自体は予備調査の情報をもとに調査前から予測されていたので大きな問題ではなかった。人骨はほとんど細片に近く、形質の情報はあまり期待できないのではないかという予測が見事に外れたのである。

石棺の蓋《ふた》が開けられると内部の状況は予想とはかなり違っており、比較的保存の良い人骨も含まれていた。予備調査時に石棺の割れ目から見えた人骨は表層部分のものにすぎなかったのだ。調査は石棺内の骨片1点1点を図面に落としながら、骨の情報を細部まで採取する方法に切り替えられた。葬法に関する貴重な情報を記録し保存するためである。

そして、次に取り組んだのが被葬者像を明らかにすることだった。人骨の詳細な鑑定作業をもとに推定された最小被葬者数（最も少なく見積もった数）は英祖王稜では118体（1号石棺…43体、2号石棺…36体、3号石棺…31体、その他…8体）、尚寧王陵では38体（4号石棺…21体、5号石棺…17体）、計156体となり、その中には乳児から成人までの老若男女が含まれていた。これらの結果が示す被葬者像としては、王とその一族というのが最も相応《ふさわ》しいのではないだろうか。

石棺の中には二次的（あるいは三次的）に改葬された人骨が納められていた。ほとんどはバラバラの状態で個体ごとのまとまりなどを確認することは難しかったが、一部が関節した状態のもの、石棺の中で割れたと思われるものなどもあり、人骨の取り上げ作業はそれらを確認しながら慎重に進められた。人骨片に交じって漆片や玉などの遺物が発見されたが、筆者にとって印象深かったのは人骨の表面に残された織物の痕跡だった。顕微鏡写真で見ると格子状の文様まで鮮明に識別できる（写真3）。また、骨の表面には金銀の細かな箔《はく》片が付着したものも認められた。人骨は金糸・銀糸で織られた豪華な布にくる

写真3　頭骨表面に付着した布（写真の１目盛りが１ミリ）

まれて棺に納められたのだろう。「ようどれ」に相応しい絢爛《けんらん》豪華な墓室の光景が見えるようである。筆者にとって「浦添ようどれ」の人骨調査は、琉球王国のエネルギーを直接感じることのできた貴重な体験でもあった。

驚きの顔つき

割れてバラバラになってはいたが、英祖王陵2号石棺に比較的保存の良い頭骨が含まれていたことも予想外のことだった。貴重な時代の証人の顔と対面する幸運に巡り会えるかもしれないのである。周りの小さな骨片まで慎重に取り上げて頭骨の復元作業に取り組んだ。我《われ》ながら驚くほどの集中力で連日連夜、ジグソーパズルの小さなピース（頭骨片）探しに没頭した（誤解を招かないようにお断りしておくが、この作業は人類学者にとっては最高に楽しい勉強の場でもある）。

そして、最後に一気に接合して出来上がった頭骨を見た時の驚きは多分一生忘れられないと思う。王族という言葉から想像していた顔つき（96頁・フィールドノート参照）とは似ても似つかないものだったからである。

これまで見てきた先史時代人とも近世人とも似ていなかった。頭を上からみた形は長く（長頭）、顔つきは平坦、何よりも驚いたのは極端な突顎《とつがく》（出っ歯、反っ歯）だった（写真4）。しばらくは言葉もなく頭骨と向き合っていたと思う。しかし、そのうちに自分がとんでもない歴史の証人と対面しているのだということに気がついた。

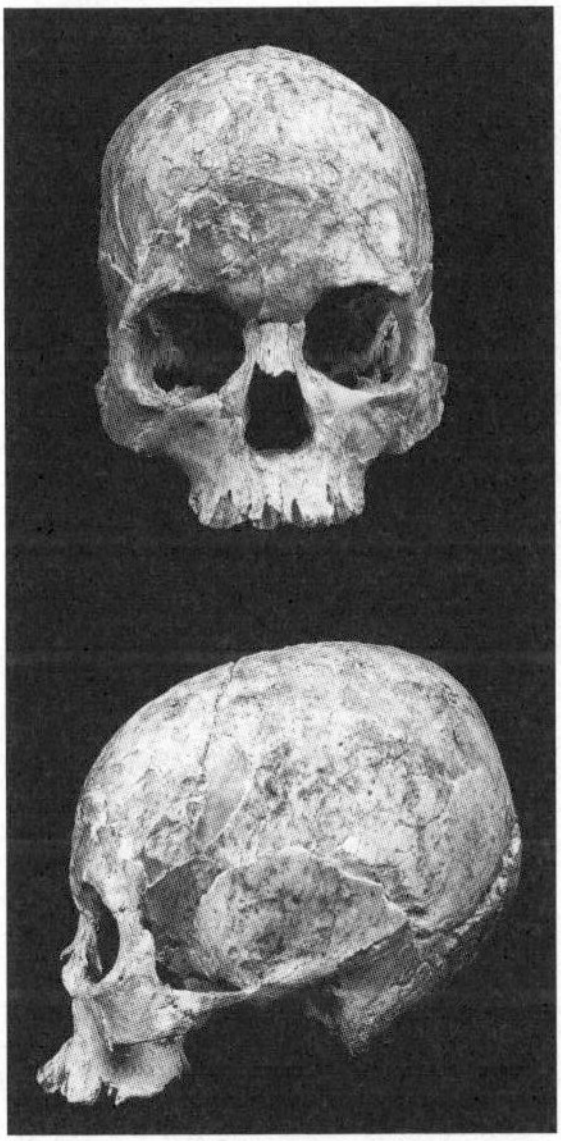
写真4　英祖王稜2号石棺の頭骨（男性）（浦添市教育委員会所蔵）

2号石棺の頭骨の特徴は沖縄では見たこともないものだったが、

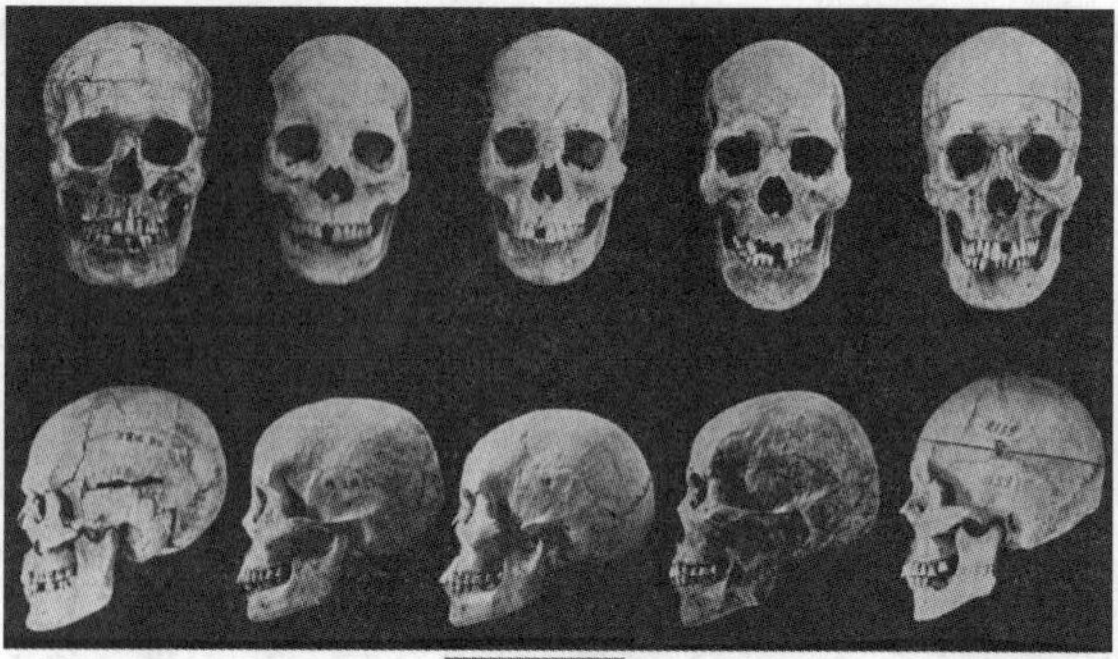

図１　日本人頭骨の時代的変化（鈴木尚著「化石サルから日本人まで」、岩波新書より）

実は、それらの特徴（長頭・突顎）は日本の人類学者なら知らない人はいないと言うくらいよく知られたものだった。日本本土の中世（鎌倉時代〜室町時代）遺跡から出土する人骨には必ずと言っても良いくらい見られる特徴なのだ（図1、鎌倉時代の頭骨）。日本の中世に大規模な外来遺伝子の流入があった証拠はないので、おそらく何らかの原因で徐々に突顎・長頭に変化したものと考えられているが、その成因は未だに解明されていない。日本の中世人に共通する独特の特徴が沖縄の同時代人（英祖王の時代はグスク時代・中世に相当する）、しかも王族の中に確認されたことになる。

頭骨の意味するもの

本土日本の中世人と似た特徴をもつ英祖王稜の頭骨は何を語ろうとしているのだろうか。

沖縄の先史時代と近世の間には形質的な違いがあり、それらの違いを解明する鍵を握るのがグスク時代人であることは前項で紹介した通りである。英祖王稜の頭骨はまさにその鍵と言えるのではないだろうか。

一方、ミトコンドリアDNAの解析からも重要な情報が得られている。共同研究者の国立科学博物館人類史研究グループ長・篠田謙一さんは尚寧王陵4号石棺人骨から抽出されたミトコンドリアDNAを解析し、中国南部や東南アジアに多く見られるハプロタイプFであることを明らかにした。琉球列島は日本と中国、東南アジアを繋ぐ中継点であり、琉球王国の形成に周辺地域との交流が重要な役割を果たしたことを「浦添ようどれ」の人骨は語っているのではないだろうか。

フィールドノート

貴族形質

食習慣、婚姻が成因に

日本人の起源論で小進化説を唱えた鈴木尚・元東大教授は、徳川将軍家・大名家の人骨の研究から環境と形質の関係を論じたことでも有名である。将軍や大名のような上層階級（貴族階級）の人たちの顔つきには共通の特徴があり、それを貴族形質と表現している。具体的には極端に面長で鼻筋の通った顔立ちだという。そして、その成因は柔らかいものだけを食べ続けたことから咀嚼《そしゃく》器である顎骨《がっこつ》が退化し華奢《きゃしゃ》になったこと、婚姻の際に似たような貴族的顔立ちの女性が選ばれ続けたことによるのではないかと述べている。

実は「浦添ようどれ」の頭骨にもこのような特徴を期待してしまったのである。ただ、徳川将軍の貴族形質も６代目以前はそれほど顕著ではないらしいので、激動の時代を生きた英祖王の一族に貴族形質が見られないのは当然のことでもあった。

気になって尚寧王の肖像画を探してみた。さすがに第２尚氏７代目の国王である。細面で華奢な顔つきは十分に貴族的な風貌を備えているように見える。もしも復元されたのが尚寧王陵の頭骨だったらと考えてみた。貴族的な顔立ちだったかもしれないが、それでは沖縄人の謎解きが劇的に進むことはなかっただろう。人骨の研究をしていると言いながら、実は骨に教えられることばかりだったような気がする。

首里城右掖門《うえきもん》の人骨

戦の痕跡残す頭骨

自宅から徒歩10分くらいのところに首里城公園がある。真夏の日差しはつらいが、それを避ければ公園一周はちょうど良いくらいの散歩コースで、気が向いた時、気分転換したい時、何となく健康が気になった時にたまに歩くことがある。玉陵（外から見るだけ）―守礼門―木曳門―西のアザナ―京の内（正殿はスルー）―広福門―漏刻門―瑞泉門―歓会門―龍潭通りが大体普通のコース、右掖門まで足を延ばすことも多い。

右掖門は正殿の見学を終えた人たちの出口となっているが、もともとは御内原《うーちばる》と呼ばれる国王とその家族たちのプライベート空間への通用門である。歓会門から右掖門へ続く緩やかな坂道は、龍潭周辺の緑と調和して独特の雰囲気を醸し出している（写真1）。見学を終えてさっさと通り過ぎるにはもったいないところである。

その上さらに、筆者にとって右掖門は素通りできない特別の場所でもある。その理由を、今回の主人公である人骨に語ってもらうことにしよう。

写真1　首里城右掖門

内郭《うちぐるわ》石積み下に眠る男性

国営公園整備事業に伴う首里城右掖門周辺の発掘調査が沖縄県教育委員会によって1990年に実施され、右掖門から西側（久慶門方向）7メートルの内郭石積みの中からグスク土器を伴った成人の男性人骨が発見された。現在では石積みが完全に復元されているので出土した場所を確認することはできないが、右掖門から久慶門に向かって左手、内郭石積みの下である。往時を偲《しの》ばせる石畳の坂道を歩くた

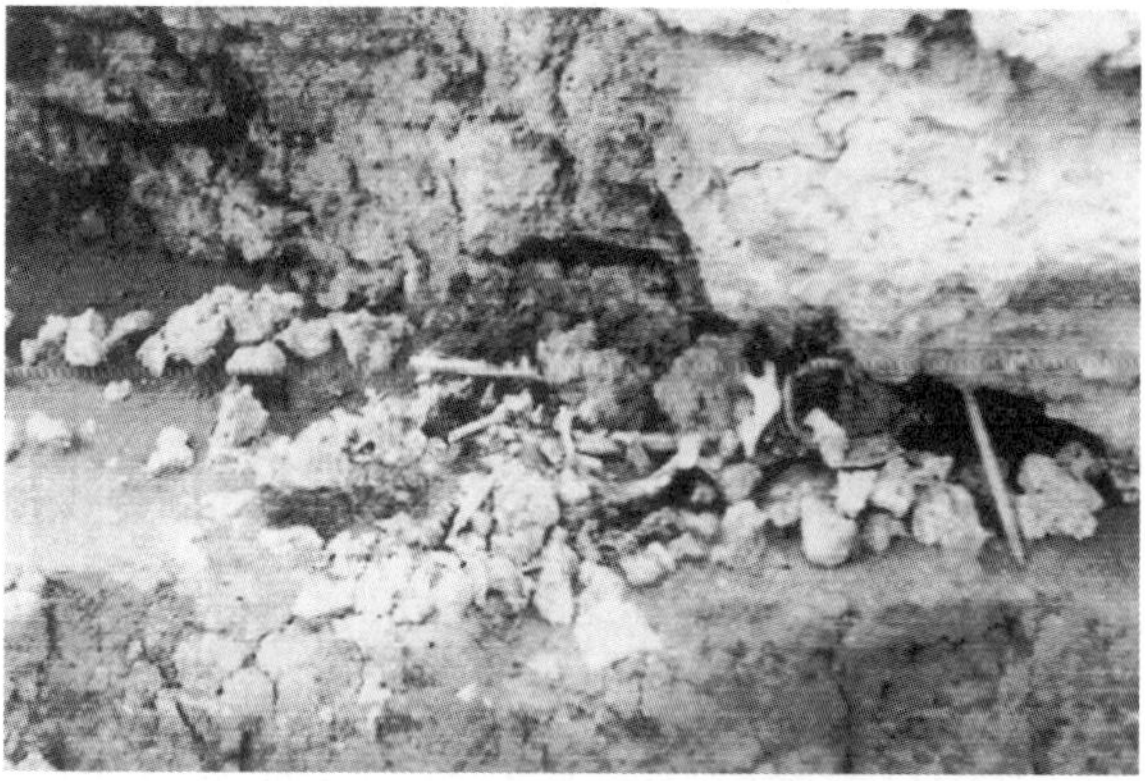

写真2　人骨の出土状況（写真提供・県立埋蔵文化財センター）

びに人骨のことが頭に浮かんできて、しばしの間、グスク時代（12世紀～15世紀）にタイムスリップした気分になる。

琉大赴任前であったため、発掘調査には立ち会えなかったが、2003年度の報告書刊行に際して、人骨の分析を担当させていただいた。出土人骨は1体のみ、成人の男性である。だが、ただ者とは思えない不思議な男性だった。以下にその人物像を紹介する。

まず、葬法については岩陰を利用した風葬（1次葬）である。なぜ風葬と言えるのか。人骨は一見、バラバラの状態で2次的に集められたように見える（写真2）。しかし、よく見ると、本来の解剖学的位置に近い関係も保っている。この状況は遺体が白

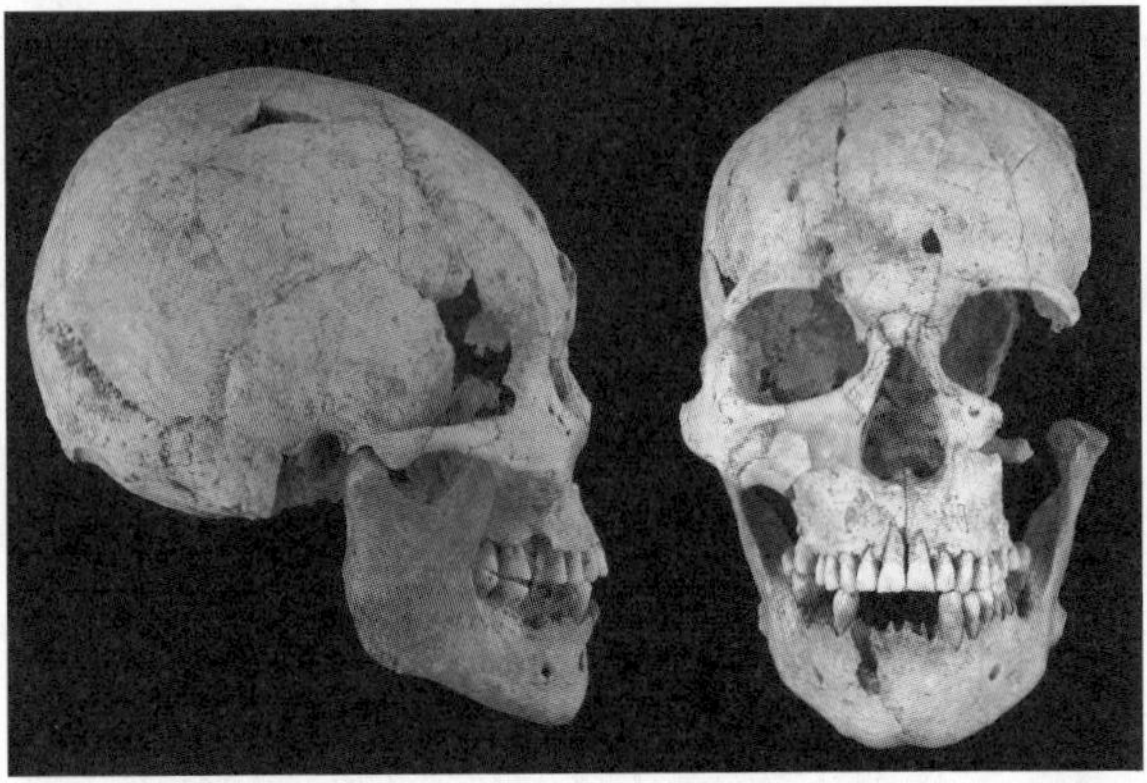

写真３　右掖門西方岩陰下出土の男性頭骨（県立埋蔵文化財センター所蔵）

骨化した後に、周囲に空間があったためにバラけたと考えると容易に説明がつく。つまり、土中への埋葬ではなく、岩陰を利用した風葬だったのである。グスク時代初期の集落遺跡近くで見られた木棺墓や土坑墓とは違っており、グスク時代における葬法の多様性を示す事例として注目される。

次に人骨からは以下のような情報を読み取ることができた。性別は頭骨や四肢骨の特徴から男性、年齢は頭骨縫合の閉鎖状況や歯の咬耗《こうもう》度から35～45歳くらいと推定された。身体的特徴については、全体的に小柄（身長は160センチ弱）ではあるが、頑丈な体格で、特に上肢の発達が良好である。下肢の断面形も先史時代人に似ていて海洋に適応した生活をうかがわせた。しかし、頭骨のかたちは先史時代

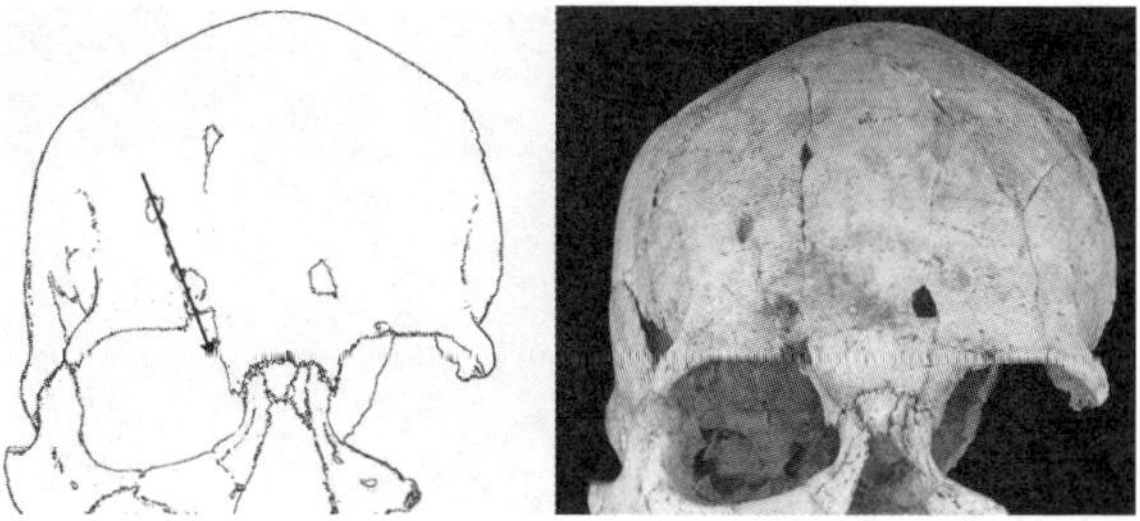

写真４　男性頭骨の受傷痕（県立埋蔵文化財センター所蔵）

人に比べると長頭化しており、突顎《とつがく》の傾向など、すでに新しい時代の特徴を示している（写真３）。

そして、極めつけは頭骨に残された受傷痕だった。沖縄では初めての発見例である。

額に残る刀傷

額の受傷痕は４センチの長さに及んでおり、傷口には明らかな骨増殖の痕が認められた。このことは、男性が受傷後も生存していたことを物語っている。また、傷は表面に直角にではなく、斜めに深く入り込んでいる。おそらく鋭利な刃物（刀など）によって切られたものと思われる。少し想像をたくましくして、刃部を顔の中心方向へ少し寝かせた状態で、右の額の生え際から斜めに振り下ろされた刀による傷、と考えると理解しやすいかもしれない（写真４）。

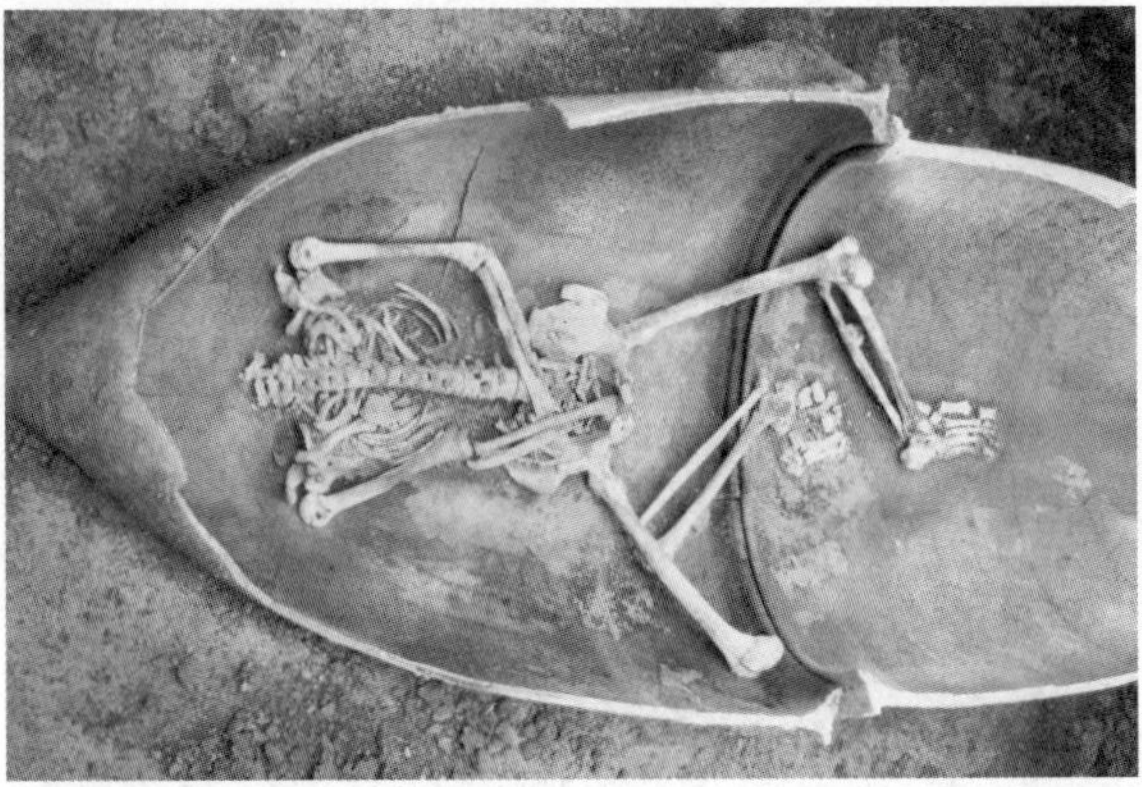

写真5　佐賀県吉野ヶ里遺跡の頭部のない男性人骨（写真提供：佐賀県教育委員会）

傷は奇跡的に脳に達する一歩手前で止まっていた。しかし、傷の周辺には重要な神経や血管が分布しているので、これらが損傷を受けたことは確かであろう。相当な出血を伴ったものと思われる。受傷部のすぐ奥には副鼻腔の一つである前頭洞が位置しているが、炎症は前頭洞内部には広がっていない。この男性が受傷後も生存できたことに関しては、本人の治癒力に加えて、このような幸運も重なったのだろう。体部の骨には傷痕は認められなかった。壮絶な斬り合いで受傷したのだろうか。何とも謎めいた人骨である。

戦いの歴史を語る人骨

ところで、県外に目を向けると、受傷痕をもつ人骨の発見例は意外と多い。邪馬台国の卑弥呼誕生前の倭国（2~3世紀頃）は戦乱に明け暮れていたとされるが、特にこの時期の人骨に受傷痕をもつ例が多い。有名な佐賀県吉野ヶ里遺跡では、首をはねられた戦士と思われる人骨が見つかっている（写真5）。甕棺《かめかん》に葬られたこの男性人骨には、頭骨と上部の頸椎《けいつい》がなく、右鎖骨と右橈骨《とうこつ》にも傷痕が認められるという。

弥生時代人骨が多く出土する北部九州では、石鏃《せきぞく》が刺さった人骨、銅剣などが刺さった人骨、首を切られて頭部のない人骨、逆に頭だけが葬られたもの、などなど、枚挙にいとまがないほどである。また、鳥取県の青谷上寺地《あおやかみじち》遺跡では、溝の中に多数の遺体が投げ込まれたような状態で人骨が発見され、その多くに鋭利な刃物で切られたような傷痕があるという。弥生時代は激動の時代、戦乱の時代でもあった。

時代は新しくなるが、前回連載で紹介した鎌倉時代の人骨でも、材木座遺跡などで受傷痕をもつ大量の人骨が発見されている。材木座の人骨については、１３３３年の新田義貞による鎌倉攻めの犠牲者であることが分かっている。

話を右掖門に戻そう。14世紀の沖縄は有力な按司によってまとめられた三つの小国、北山、中山、南山が並立した時代とされる。しかし、15世紀には北山と南山は中山に滅ぼされ、その後、第一尚氏による琉球王国が誕生する。当時の社会は緊張感に満ちていて、当然、激しい戦いもあったのではないだろうか。実際、遺跡からは武器や防具なども出土しているという。にも関わらず、不思議なことに、右掖門の男性以外に戦いの痕跡を示すような人骨は発見されていない。

沖縄は不要な争いを避ける平和な島だったのだろうか。もしかしたら、今後、今帰仁城の城壁下などで受傷痕をもつ大量の人骨が発見されたりしないだろうか。さらなる歴史の語り部の登場に期待したい。

フィールドノート

「ボーンズ」

法人類学が解く真実

青森県下北半島にある尻労《しっかり》安部《あべ》洞窟遺跡の見学に行ってきた。慶応大民族学考古学研究室を中心に10年以上発掘調査が続けられており、更新世（200万年前～１万年前）人類発見の期待が高まっている。沖縄から青森までは飛行機を乗り継いで５時間弱の距離である。かなりの長距離移動になるが、ゆっくり本が読める長旅は嫌いではない。

今、「ボーンズ」というミステリーシリーズにハマっている。作者は大学教授で法人類学者のキャシー・ライクス。テンペラスという女性主人公は骨が専門の法人類学者という設定で、作者自身の体験をもとに書かれたミステリーである。骨に残されたわずかな痕跡から巧妙に仕組まれた殺人事件の謎を解いていくのだが、描写が細かいところまでリアルなので、ドキドキしながらついつい引き込まれてしまう。この原作をもとに作られた海外ドラマシリーズ、「ボーンズ－骨は語る」を観た人は多いかもしれない。

右掖門の人骨にはそれに近いドキドキ感があった。首里城内郭石積みの下にたったひとりで横たわる刀傷のある屈強な男性の姿にはどんな歴史ドラマが隠されているのだろうか。驚きの秘密が隠されているに違いないが、今となっては現場の状況証拠が少なすぎるのと、筆者の力量不足のため真実に迫ることができないのは何とも残念である。

古琉球の人と暮らし

洗骨伴う再葬確認

琉球・沖縄の歴史では、農耕社会の始まり（12世紀初期）から島津氏による琉球征服（1609年）までの約500年間を「古琉球」という。おおよそ日本の中世（鎌倉時代～安土桃山時代）に相当する時代である。しかし、考古学の区分として使われる「グスク時代」（12～15世紀）も「古琉球」に含まれるので、人類学的にはその使い分けが難しい。「浦添ようどれの調査」「首里城右掖門の人骨」で紹介した人骨は、グスク時代人であると同時に古琉球人でもあった。ところが、今回登場するのは、古琉球人ではあるが、グスク時代人とは言い難い人骨である。こんな言い方をすると、大して重要ではないのかと誤解されそうだが、実は、グスク時代と近世琉球をつなぐ、またとない貴重な人骨である。

グスク時代の人骨には、激動の時代を映し出すような激しい主張があった。今回の人骨は、近世琉球へと動いていった古琉球の時代をどのように映し出してくれるのだろうか。

ナカンダカリヤマ古墓群

那覇市首里金城町に石灰岩の崖面を掘り込んで造られた古墓群がある。ナカンダカリヤマ古墓群である。2002～03年に県立埋蔵文化財センターによる発掘調査が行われ、人骨の調査を担当した。15基の墓のほとんどは近世（17～19世紀）のものだったが、その中の1基（7号墓）が16～17世紀の風葬墓だった（写真1）。

写真1　ナカンダカリヤマ古墓群

人骨の保存状態が悪く、ほとんどはバラバラの散乱人骨に近かったが、貴重な資料である。まずは、どんな人たちが葬られているのか、被葬者像の推定から取り組んだ。性別、年齢を考慮しながら、できるだけ情報量の多そうな骨を選び、数をカウントする方法で被葬者数を推定したところ、男性15体、女性10体、性別不明成人7体、若年3体、小児3体、幼児4体、乳児5体、計47体という数が得られた。ただし、これはあくまでも最少の数であり、実際はさらに多かったと考えてよい。

そして、気になるのはこれらの被葬者の関係である。この墓がどれくらいの期間使われたかにもよるが、例えば、墓が100年間使われたと仮定し、1世代を平均的に25年（25歳ころには子供＝次世代が誕生している）と考えると、4世代が葬られていることになる。少々乱暴ではあるが、成人32名を4で割ると、1世代当たりの成人の数は8名になる。200年使われたとすると集団の規模はもっと小さくなるが、それにしても現代の核家族のイメージには重ならない。比較的小規模な一族の墓と考えるのが妥当なところではないだろうか。

形質については、残念ながら骨の保存状態が悪く、顔の特徴などを知ることはできなかった。ただ、いくつかの上顎骨に突顎《とつがく》の傾向を確認することができたので、グスク時代人の特徴も依然として保持されていたようである。

多様な葬法

次に取り組んだのは葬法の解明である。人骨はほとんどバラバラの状態で奥壁側に集中して出土した（写真2）。しかし、細かく観察すると、入り口近くの3体は多少の乱れはあるものの、ほぼ解剖学的な位置関係（1次葬）を保っている（図1）。このことは、遺体が入り口近くで風葬され、骨になった後、次の遺体が葬られる際に奥壁側へ次々と片付けられていったことを示している。自然の岩陰等を利用した風葬墓（崖葬墓）は先史時代から存在するので、風葬そのものは特に新しい葬法とは言えない。しかし、掘り込み

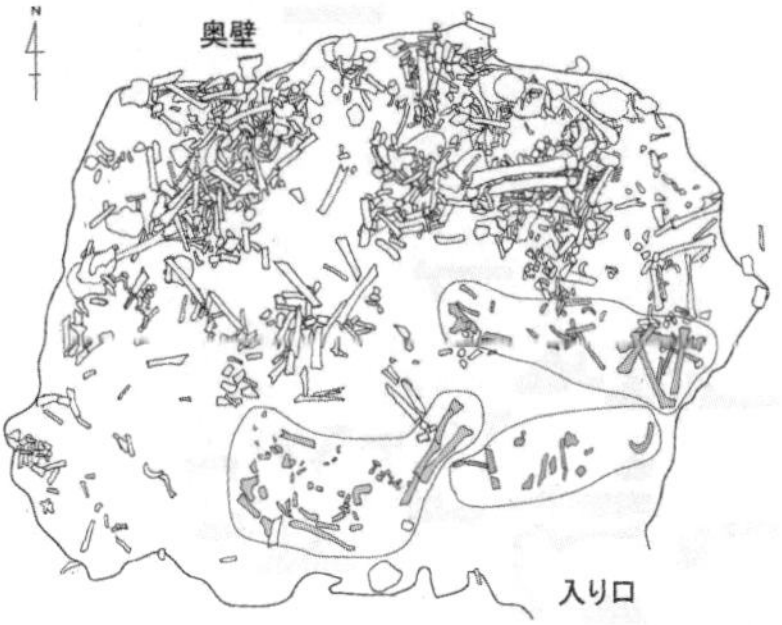

図1　7号墓人骨の出土状況図（原位置に近い個体を○で囲んでいる）（県立埋蔵文化財センター編「ナカンダカリヤマの古墓群」の図より一部改変）

写真2　7号墓内人骨の出土状況

▲写真３　骨に残された傷跡（写真提供・県立埋蔵文化財センター）

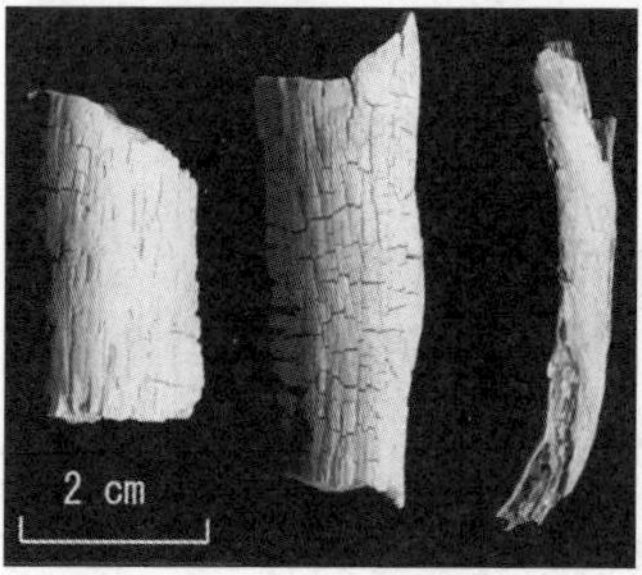

写真４　火葬骨（写真提供・県立埋蔵文化財センター）

墓への風葬は近世・近代の葬法と共通するものである。

　また、葬法に関して、特筆すべき所見が認められた。鋭い刃物によると思われる傷痕のついた人骨が見つかったのである（写真3）。前回紹介した首里城右掖門の受傷痕とは違って、骨増殖などの生体反応の痕跡はまったく認められない。骨になった後に付けられた傷であることは明白である。蔵骨器の破片が検出されていることから考えると、洗骨・再葬時に付けられた傷である可能性が高い。近世、近代の沖縄で一般的な、洗骨を伴う再葬がこの時期に確認されたことになる。

さらに、少量ではあるが、火葬骨片も見つかっている（写真4）。火葬そのものは先史時代にも存在するが、「浦添ようどれ」のような、階層社会の最上位にいた人たちの墓でも確認されている。「浦添ようどれ」については、石棺に沖縄最古の仏像彫刻が施されていることなどから、仏教との深い関わりが指摘されている。ナカンダカリヤマの火葬骨が仏教との関連を示す可能性はないのだろうか。

先史時代と近世の間

ここで、古琉球の人について少しまとめておきたい。古琉球の人たちと言っても、グスク時代のはじめと近世琉球の前では、かなり様相が違っている。葬法を例にとってみよう。グスク時代初期には集落近くに少数の墓が造られ、木棺への埋葬という新たな葬法がみられるようになる。一方、右掖門のような岩陰への風葬もある。「浦添ようどれ」のような王族の墓が出現するが、共同墓地や村墓のような庶民の墓は見つからない。しかし、古琉球の時代が終わるころ、小規模ではあるが、一族と思われる集団墓が登場する。

ナカンダカリヤマ古墓群と似た例が、ほぼ同時期の銘苅古墓群（那覇市）でも報告されている。銘苅古墓群では比較的保存の良い人骨が出土しており、長崎大学の報告では、グスク時代の特徴は認められるが、先史時代人的な特徴もあり、やや中間的とされている。この指摘は重要である！　古琉球の庶民の姿が少し見えてきたように思えるからである。

ところで、古琉球の人たちの暮らしについて、興味深い所見が人骨に残されている。ナカンダカリヤマ古墓群や銘苅古墓群の人骨には、人との接触によって広がる感染症の痕跡がかなりの頻度で残されている。人口が増え、都市化も進行していたのだろう。

沖縄人の歴史が大きく動いた古琉球の時代を語るにはまだまだ事例が少なく、わずかな点を無理やり繋いでストーリーを作らざるを得ない状況にある。しかし、穴だらけではあるものの、先史時代と近世の間の空白は少しずつ繋がってきているように思われる。グスク時代のはじめに外来の人の関与があったのは確かだと思われるが、先史時代人と交替するというほどのものではなく、在来の沖縄人の中に徐々に吸収されながら今日に至っている、というのが現時点での妥当なストーリーではないだろうか。

ただし、先島については、同じストーリーが当てはまるかどうかはまったく分からない。

フィールドノート

骨を読む

葬った人の痕跡残る

2013年８月、伊江島ナガラ原第３貝塚で村教育委員会による発掘調査が進行中である。縄文時代後期の生活跡を主体とする遺跡であるが、上層から埋葬人骨が発見された。先史時代の埋葬人骨発見は久しぶりの朗報である。早速、県立博物館・美術館の藤田祐樹さんと２人で現地に赴き発掘調査に参加している。

発掘現場では、人骨を一片一片慎重に観察しながら取り上げていく。人類学者が最も緊張する瞬間である。現場の情報はこの時点で失われてしまう。ところが、順調に動いていた２人の手がほとんど同時に止まった。１体分に見えた人骨の下からもう１体、別個体の人骨が見えてきたのだ。複数体が同じ土坑に埋葬される例は極めてまれである。今、２人で頭を悩ませながら難解な謎解きに挑んでいる。

ナカンダカリヤマ７号墓人骨の謎解きもかなり難しかった。一見しただけでは無秩序に見える散乱人骨にどんな事実が隠されているのか。骨の部位、骨の向き、関節の状態などを細かく観察し、それらがまったく無秩序なのか、一定の傾向があるのかを見極めていく。すると、墓の入り口近くに、ほとんど原位置に近い状態の個体があることに気がついた。新たな遺体は入り口近くに安置されるが、その際、以前に葬られて白骨化した骨は次々と奥壁側に片付けられるという葬法が見えてきたのだ。無秩序に見える散乱骨にも葬った人たちの痕跡が残されている。

骨の発する最初の情報を読み解かなければならない発掘現場こそが、人類学者の出番なのである。

南の沖縄人――先島のグスク時代人

形質に島ごと地域差

最初の沖縄人はどこからやって来たのだろうか。南からやってきたのは確かだと思われるのだが、情報が断片的で、これまではその足取りがほとんどつかめなかった。ところが、最近、先島諸島の石垣島で約2万年前の人骨が発見され、最初の1歩がかすかに見えてきた。当然、気になるのが先島諸島のその後の人骨である。

ところが、残念なことに、この地域の人骨には時代的に大きな偏りがあり、顔の特徴が分かるような先史時代の人骨は皆無といってもよい状況なのだ。現時点で比較的出土例が多いのは、14~16世紀のグスク時代の人骨である。

グスク時代は、それまでまったく別の文化圏を形成していた先島諸島が、沖縄諸島と共

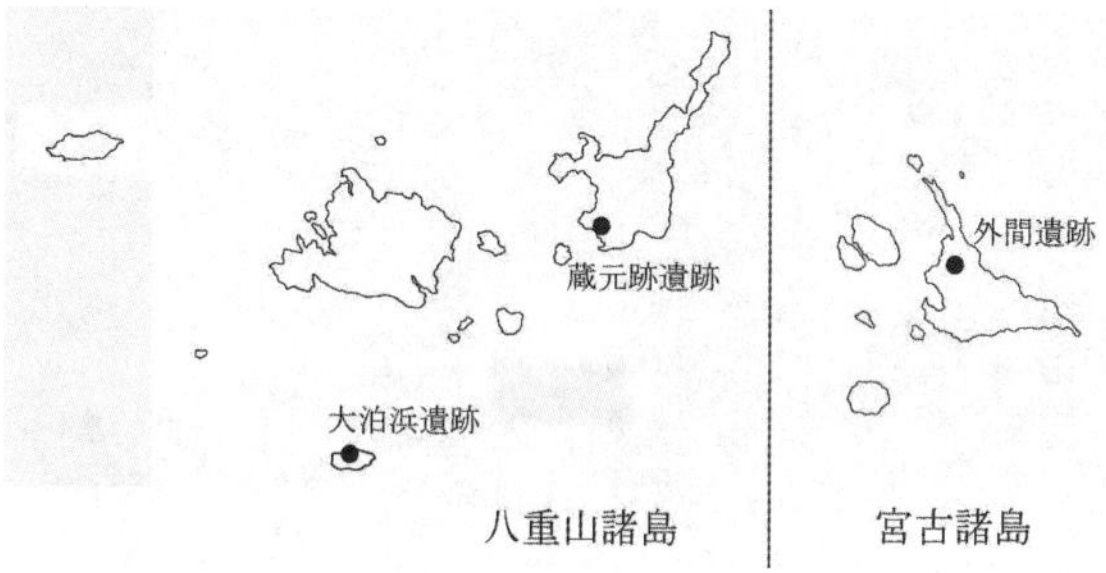

図1　先島諸島のグスク時代人骨出土遺跡

通の文化をもつようになった時代と言われる。彼らはどんな人たちだったのだろうか。どんな特徴をもち、どんな生活をしていたのだろうか。沖縄諸島の人たちとの関係は？

南のグスク時代人も興味津々である。

波照間島の大泊浜貝塚

文部科学省科学研究費の補助を受けたプロジェクト「日本人と日本文化の起源に関する学際的研究」による、波照間島大泊浜貝塚（図１）の発掘調査が１９９７年に実施された。波照間島は日本最南端の有人島である。緯度では台湾の台北市よりずっと南に位置する。最南端の日本文化とそれを担った人たちを探るための調査である。

発掘調査を担当された安里進さん（当時浦添市教育委員会）によれば、大泊浜貝塚はグスク時代初期（11〜12世紀）

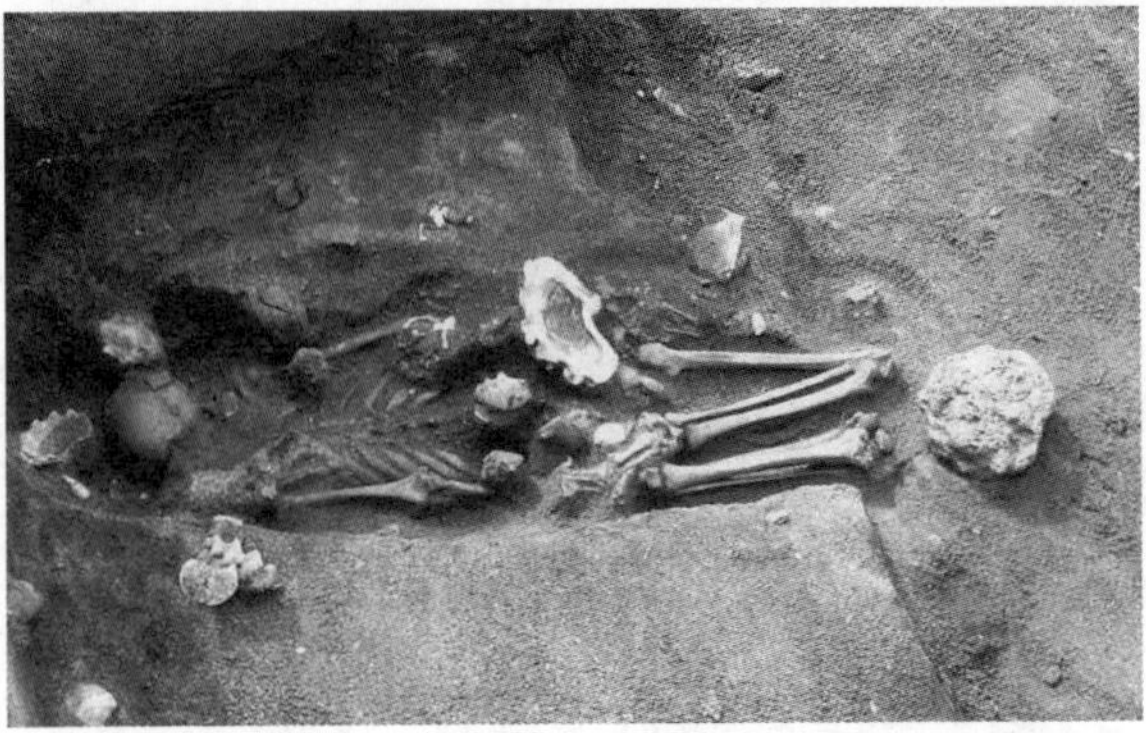

写真１　波照間島大泊浜貝塚出土の人骨

に位置付けられる遺跡だという。発掘が終盤にさしかかった頃に、待望の埋葬人骨発見の連絡が入り、筆者は人骨担当で調査に参加した。なぜか、人骨は最終日近くになって発見されることが多い。

人骨は母子と思われる20歳代前半の女性と、生まれて間もない乳児の計2体である。女性はうつ伏せで膝を後ろに強く折り曲げた窮屈な姿勢で埋葬されており、後頭部に外耳土器を被《かぶ》せ、頭部と腰部にはシャコ貝が添えられていた。乳児は女性の右腰部付近から出土している。おそらく出産時のトラブルで亡くなった母子なのだろう。

それにしても、最南端の島の人骨形質は興味深いものだった。頭形は短頭（丸い）、顔は角張っており、平坦《へいたん》だった（写真2）。沖縄諸島グスク時代人のよう

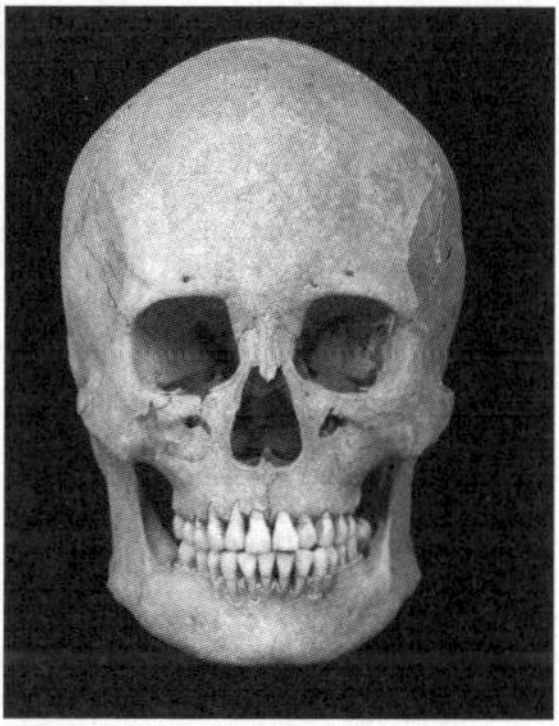

写真2　大泊浜貝塚出土の女性頭骨

な強い突顎《とつがく》は見られない。短頭は沖縄貝塚時代人を特徴づけるものであるが、平坦な顔つきは違っており、推定身長も約148センチとやや高めである。これまで、あまり見たことのない特徴に戸惑った。しかし、取りあえず、集団の関係を知りたい時は計測値を用いて解析するのが人類学の一般的な方法である。頭骨計測値を周辺地域のものと比較したところ、大泊浜貝塚人はフィリピン集団の近くに位置することが明らかになった。

大泊浜に人が住み始めたのは先島先史時代後期（3世紀頃）からとされるが、この時代はフィリピンでも見られるシャコ貝製斧が使われた時代である。安里さんは、大泊浜貝塚の人たちを、新たなグスク文化の波を受け止めながらも、12世紀まで従来の先史文化の生活様式を根強く保持していた人たちと位置付けている。人骨の特徴も、そんな時代の波を反映していると考えると納得である。

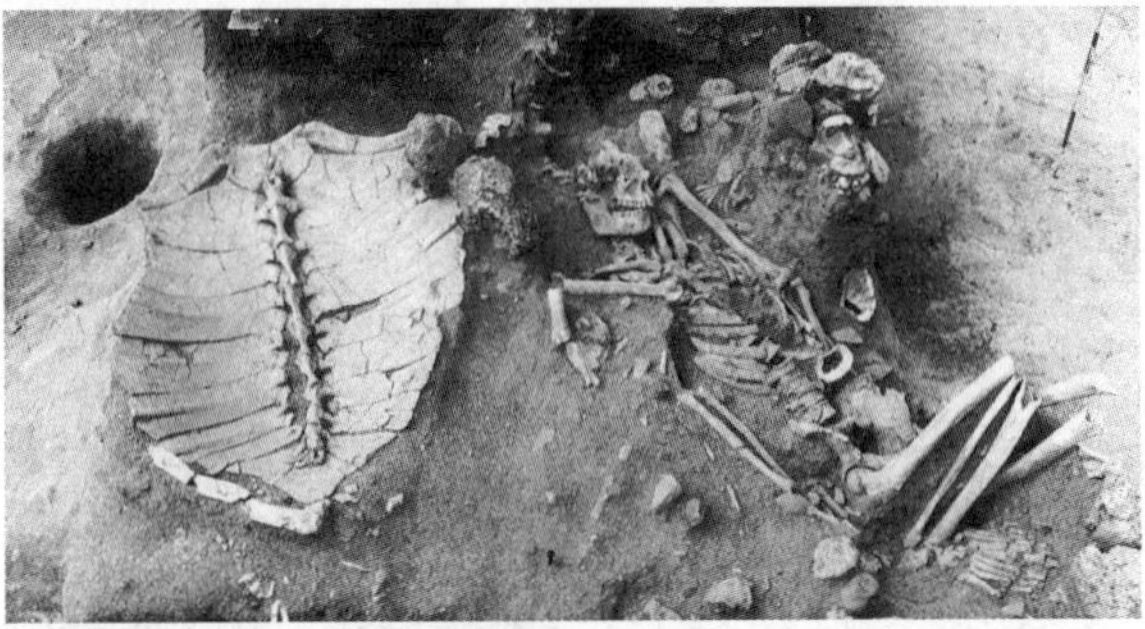

写真３　石垣島蔵元跡10号人骨出土状況（写真提供・石垣市教育委員会）

石垣島のグスク時代人骨

石垣島では15～16世紀の人骨がかなりまとまって出土している。八重山支庁の合同庁舎建設工事に伴って発見された八重山蔵元跡の発掘調査が石垣市教育委員会によって行われ（１９９４～95年）、10体（男性３体、女性１体、性別不明若年１体、幼児１体、乳児４体）の埋葬人骨が出土した。ほとんどは土坑墓に葬られていたが、１基だけ石棺墓も確認されている。埋葬姿勢は下肢を曲げた屈葬である。

ところが、この中に大変気になるものがあった。10号人骨とされた男性のそばから、大型のウミガメの甲羅が出土しているのだ（写真３）。長寿のウミガメは世界各地で海の守り神、子孫繁栄、長寿と幸福のシンボルとして崇《あが》められている。20～30歳代で亡くなったこの男性に添えられたウミガメにも、そんな家族の思いが込められているのだろうか。

形質の特徴は、沖縄諸島のグスク時代人と同様にやや長頭の傾向を示し、面長な顔つきである。突顎の傾向もある。また、体格は全体に頑丈で、男性の身長はいずれも160センチを超えている。沖縄諸島の同時代人よりも大柄な印象である。

宮古島のグスク時代人骨

沖縄諸島と八重山諸島の中間に位置する宮古島では、住屋遺跡、寝間西里遺跡、外間《ぷかま》遺跡などで、14～16世紀の人骨が出土している。2007～08年に宮古島市教育委員会による発掘調査が行われた外間遺跡（図1）では、県内では類例を見ない列状溝群が埋葬人骨の近くで検出され、埋葬と関連のある特別の施設があったのではないかと話題になった。

出土した人骨は7体（男性2体、女性3体、幼児1体、不明1体）である。人骨は土坑墓に仰向《あおむ》けで下肢を曲げた姿勢で葬られていた。葬られたのは比較的有力な人たちだったのではないかと考えられている。

保存の良かった4号人骨（男性）の特徴を見ると、頭形は短頭（丸い）、面長で平坦な顔つきをしており、突顎の傾向は弱い（写真4）。推定身長は男性で159センチ、女性

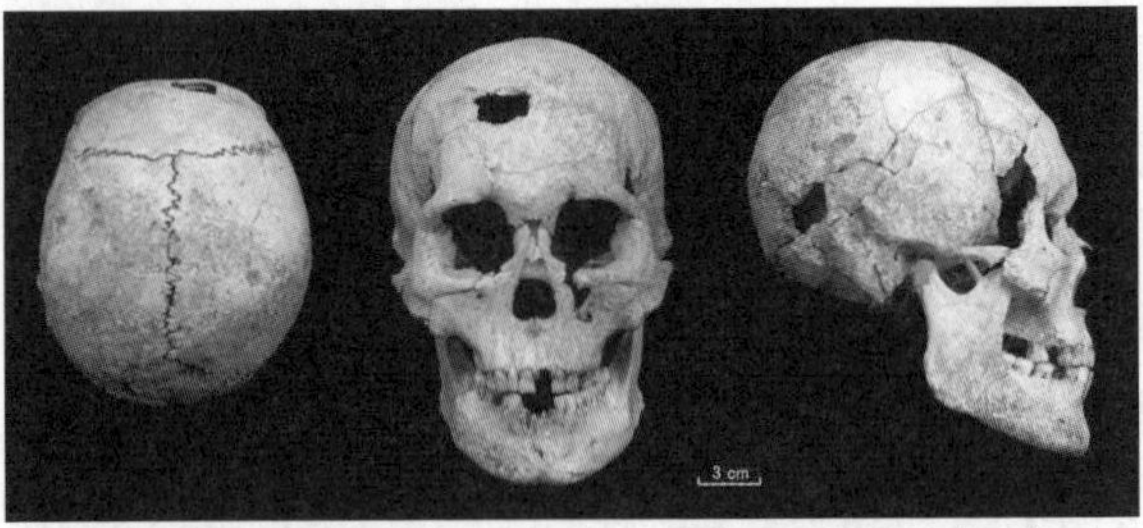
写真４　宮古島外間遺跡出土の男性頭骨（宮古島市教育委員会所蔵）

で１４４センチという値が得られている。石垣島ほど大柄ではないようである。

先島グスク時代人は、葬法において、島ごとの特色はあるが、下肢を曲げた屈葬という点では共通している。また、基本的に土坑墓という点でも共通しており、沖縄諸島の変異に富んだ葬法とは対照的である。形質の特徴も、時期差を考慮する必要はあるかもしれないが、長頭、突顎という典型的な特徴をもつ沖縄諸島のグスク時代人に比べると、同様の傾向は見て取れるものの典型的とは言い難い。また、島ごとの地域差もありそうである。

先島諸島の人類史解明は沖縄人全体の形成史を知るためには必須の課題である。そして、そのためには地域的、時代的な変遷を知ることが必要であるが、すでに紹介したように、グスク時代以前の人骨資料が欠如している現状では前に進むことができない。先島の先史時代人骨の発見が緊急の課題となった。

フィールドノート

母子合葬

命の受け継ぎを象徴

ヒトの身体形質は直立2足歩行に適応することによってさまざまに変化した。頭（脳）が大きくなり、骨盤は効率の良い歩行に適したかたちに変化した。しかし、それらは一方で、狭くなった産道を大きくなった頭が通り抜けなければならないという、出産のリスクをもたらすことにもなった。ヒトはほ乳類の中で最も難産だと言われる。

医学の進歩によって、現代の日本では出産による母子の死亡は希《まれ》であるが、江戸時代の女性の死亡原因の約4分の1は出産にからむものだったとも言われている。母親の死はまた赤ん坊の死も招くことになっただろう。

遺跡の調査をしていて、母子と思われる人骨がいっしょに出土する例（母子合葬）に出会うことがある。県外の例ではあるが、縄文時代や弥生時代の例では、子供が母親の膝の間や下に埋葬されていたことがある。また、母親の胸に石を抱かせたもの、母親の足が足首で切断された例などもある。母子を死に至らしめた悪霊が二度と出てこないように、封じ込めようとしているのだろう。

大泊浜の女性は膝を後ろに折り曲げて、うつ伏せの姿勢で葬られている。そして、子供に近い腰のところには大きなシャコ貝が添えられている。母子の安らかな死を願うと同時に悪霊を封じ込めたいという周囲の人たちの思いが伝わってくるようだ。

遺跡の人骨は、一人一人の命が多くのリスクを乗り越えて受け継がれてきたものであることを教えてくれる。

先島の先史時代人骨を求めて

八重山で人骨出土

　先史時代の沖縄諸島と先島諸島はほとんど交流がなく、系統の異なる文化圏を形成していたと言われている。沖縄諸島については、十分ではないものの各時代の人骨が出土しており、その形成史も少しずつ明らかになってきた。しかし、先島諸島については12世紀以前の保存良好な人骨が1体も見つかっていなかった。このままでは沖縄人（日本人）全体の成り立ちを語ることはできない。そこで取り組んだのが、今回紹介する先島諸島の先史時代人骨発見を目指すプロジェクトである。

　幸い、２００1年から2年間は文部科学省科学研究費の補助を受けることができた。そして、夢だけはあるが結果が出るかどうか分からないこのプロジェクトで発掘を担当した

写真１　宮古島浦底遺跡

のが、79頁のフィールドノート欄で紹介した県内各地の教育委員会から参加してくれた「ドリームチーム」である。

始まりの浦底遺跡

待ちに待ったプロジェクトだった。どこから始めるかはすでに決めていた。宮古島浦底遺跡である（写真1）。なぜかというと、遺跡に残された生活の痕跡が最も豊かで、そんな痕跡を残した人たちが近くに眠っていないはずはないと考えたからである。

浦底遺跡は土器を伴わない先島先史時代後期（無土器期、約２０００年前～12世紀頃）の遺跡である。１９８７年に城辺町教育委員会（当時）による発掘調査が行われ、無土器期を特徴づける焼け石の集積遺構やシャコガイ製貝斧が多数検出されている。また、調査前の資料確認調査では、未報告ながら埋葬跡があったこと、貝殻や動物骨のような自然遺物の中に人骨片が交じっていることなどが確認され、先島初の埋葬人骨発見は大いに期待できそうに思えた。

2001年、調査は城辺町教育委員会（当時）の協力を得て、遺跡周辺の踏査と試掘調査からスタートした。初年度の成果は遺跡の広がりと後背丘陵の岩陰の状況を確認できたことだった。02年は埋葬跡があったと思われる地点を中心に試掘調査を行った。その結果、新たに埋葬人骨1体を発見し、墓域の広がりまで確認することができたが、残念ながら人骨の年代は目指したものよりも新しかった。いま一歩というところまで来たように思えたところで、科学研究費の補助が切れ、第1次の調査は終了した。といっても、もちろん、ここで諦めたわけではない。収集した資料の整理をしながら、機会あるごとに遺跡の踏査などを続け、次の機会を待つことにしたのである。

砂丘発掘への再挑戦

その機会は5年後にやってきた。2007〜11年度文部科学省科学研究費補助金による

写真２　浦底遺跡の発掘調査

プロジェクト（代表・中橋孝博九州大学教授（当時））の沖縄班として、先島先史時代人骨発見に再挑戦する機会が与えられたのだ。５年間の長期プロジェクトである。浦底遺跡での追加調査に加え、周辺遺跡の踏査や試掘にも取り組むことになった。

今度こそ！　とチームは元気づいた。ところが、難敵は思わぬところに潜んでいるものである。宮古島の砂丘の厚さに苦戦した（写真２）。５メートルぐらい掘ってやっと先史時代の包含層に到達するというところもある。砂丘の発掘は砂との闘いでもあった。

砂丘に苦しめられた調査ではあったが、そんな中、好奇心と創造性にあふれたドリームチームは当時の食生活を体験してみるという実験考古学にも挑戦し

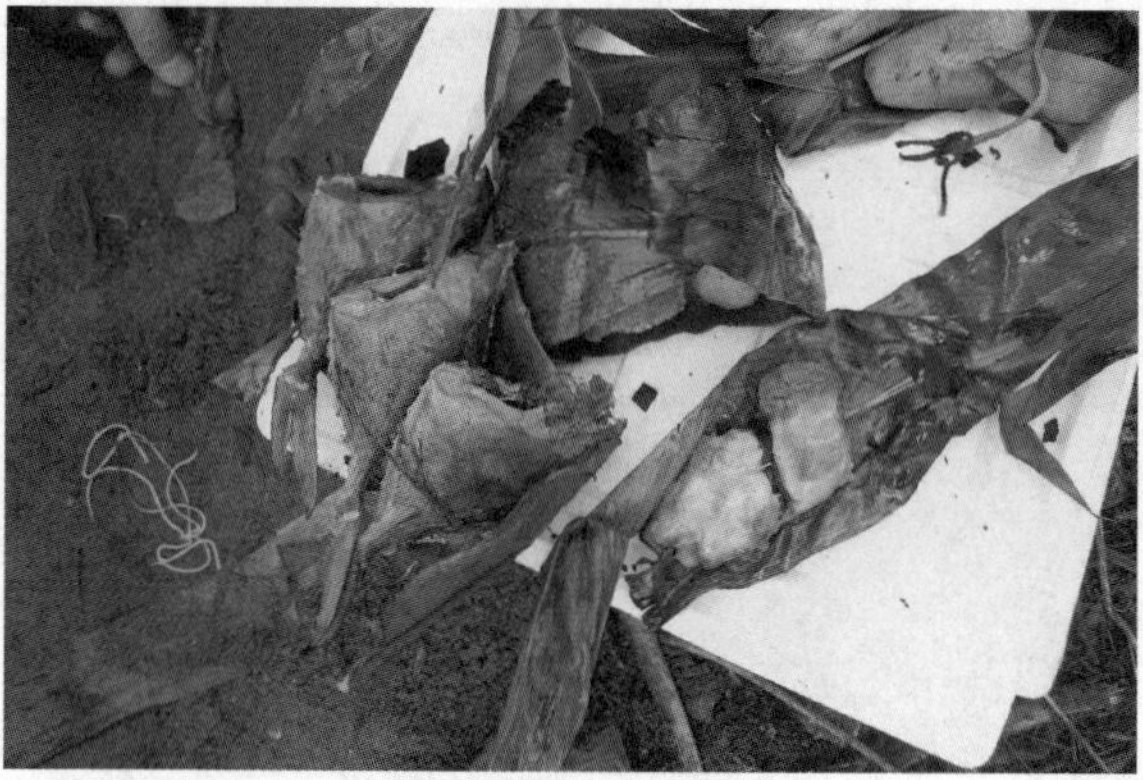
写真3　石蒸し料理大成功

た。無土器期遺跡で見られる焼け石の集積遺構は、石蒸し料理をした跡と考えられている。土器を持たない当時の人たちの調理法である。まず、穴を掘って石を焼き、その上にバナナの葉で包んだ食材を載せる。さらにバナナの葉で全体を覆って上からたっぷりの砂をかけ熱を閉じ込める。待つこと約1時間、おいしい石蒸し料理の出来上がりである（写真3）。

先史時代の埋葬人骨発見には至らなかったが、グスク時代の生活跡や埋葬跡が砂丘上で初めて確認されるなど、収穫も得られた調査だった。それにしても、砂丘に豊かな生活の痕跡を残した無土器期の人たちはどこに眠っているのだろうか。葬法そのものが違っていたのだろうか。

八重山の遺跡探査

2010年～11年に八重山で遺跡の探査を行った時、西表島から興味深い情報が寄せられた。地元の方が狩猟のためにジャングルに入ったところ、偶然、岩陰で古そうな人骨を見つけたというのである。早速、竹富町教育委員会の仲盛敦さんと現場を見に行くことになった。ただ、人骨の見つかった岩陰は西表島西部のヒドリ川上流にあり、陸路でのアプローチが難しいところだった。

写真４　ヒドリ川上流の岩陰（グーグージイリヤ）

　情報提供者の那良伊さんに案内していただき、船で川を遡《さかのぼ》ることになった。グーグージイリヤと呼ばれるその岩陰はマングローブの林を抜けて丘陵を少し登ったところにあった（写真４）。人骨はすぐそばの岩棚から見つかったらしい。岩陰の近くには水場があり、食糧となる多様な生物の棲《す》むマングローブ林とイノシシの棲む深い山もある。生活の場としては申し分のない場所のようにみえた。また、偶然採取された人骨は年代測定の結果、無土器期のものであることも判明した。八重山諸島最大の島であり、豊かな自然が残る西表島には、ヒトの痕跡もまだまだ残されているように思われた。

2013年10月からは、県立埋蔵文化財センターによる石垣島白保竿根田原洞穴遺跡の発掘調査が始まる。国の史跡指定に向けた調査で、実質的に最後の調査になると聞いている。この遺跡では約2万年前の人骨に注目が集まったが、実は、先島先史時代の前期（下田原期、約4000〜3000年前）と後期（無土器期、約2000年前〜12世紀頃）の人骨も出土している。探し続けてきた人骨のすべてが同じ遺跡で見つかっているのである。連続性などの細かな議論は今後に委ねるとして、八重山に約2万年前からヒトが住み続けてきたのは確かだろう。

先島の先史時代人骨は沖縄人が辿ってきた琉球列島への永い道のりを語ってくれるはずである。人骨研究の今後が楽しみである。

フィールドノート

晴れ男

神通力に平伏することも

調査は天候との戦いでもある。そこで、できるだけ天候の安定した季節を選んで日程を決めたいところだが、実はそれが簡単ではないのだ。

遺跡の調査は考古学と人類学の共同作業になるので、大体10人前後でチームをつくることが多い。考古学班はそれぞれの所属教育委員会でも発掘を担当しているため、その時期は外さなければならない。また、海外出張の多い人類学者の日程調整も大変で、結局、沖縄では天候の不安定な１月から３月になることが多い。

当然、悪天候による作業の遅れも想定済みなのだが、不思議なことに、これまで天候不良で調査が遅れたことはない。世の中には「晴れ男、晴れ女」といわれる人たちがいると聞くが、我々《われわれ》のチームにも強力な「晴れ男」が２人ほどいるらしいのだ。２人がそろうのだから、最強の「晴れチーム」が出来上がるのは当然かもしれない。

晴れ男に関して、信じられない経験をしたことがある。もう10年近く前になるだろうか。その日、人類班（晴れ男２人も参加）は台湾大学との共同研究に参加するため、それぞれ近くの空港（成田、関西、福岡、那覇）から出国して、台北国際空港で落ち合うことになっていた。だがそこへ、日本列島を縦断する台風がやってきたのだ。誰かが足止めになるのは避けられないと覚悟したが、前便まで欠航、直後の便から欠航という綱渡りのような状況をかいくぐり、全員が台北国際空港に到着した。さすがにこの時ばかりは彼らの神通力に平伏したくなった。

自然が相手のフィールドワークでは、理解を超える「ちから」がはたらくこともある？

台湾の人骨調査

琉球出土資料も保存

沖縄人の成り立ちは周辺地域、特に南方との関係を抜きに考えることはできない。気になるのは、最も近い台湾との関係である。台湾の人骨については、台北帝国大学（現国立台湾大学）医学部教授だった金関丈夫とその門下生による膨大な調査報告があり、現在でも貴重な資料として引用され続けている。

筆者が初めて台湾を訪問したのは１９９７年だった。沖縄県教育委員会の調査に参加させてもらったのだが、その時、台湾考古学会の重鎮である宋文薫《そうぶんくん》台湾大学人類学系名誉教授をお訪ねする機会に恵まれた。宋先生は台北帝大時代から金関先生と親交のあった方で、筆者が金関先生ゆかりの九州大学医学部解剖学教室で人類学を学んだというだけで大変歓迎していただいた。沖縄でも同様の経験をしたが、行く先々に残された金関先生の足跡にどれだけ助けられたことだろう。

蔡錫圭《さいしゃくけい》先生との出会い

宋先生の紹介で、金関門下だった蔡錫圭台湾大学医学院名誉教授にお会いしたのが台湾大学との共同研究の第一歩だった。その時初めて、金関先生等によって収集された人骨資料が台湾大学医学院解剖学科に保管されていることを知った。すでに消失したものと思っていたので、その時の驚きは言葉では表現できないほどだった。

戦中・戦後の混乱の中でこれらの人骨が生き延びているとは想像もしていなかった。今では九州大学博物館で安全に保管されている人骨資料「金関・永井コレクション」も、そこに辿り着くまでには多くの難関をクリアしなければならなかったことを知っているからである。蔡先生はこれらの資料を半世紀以上もの間、守り続けて来られたのである。その間、解剖学教室は4回も引っ越しをしたということであるから、まさに奇跡としか言いようがない。さらに、蔡先生はこれらの人骨を何とか再生させて、世界中の研究者に開放したいと考えておられた。何というすごい人だろう！　というのがその時の印象である。

金関丈夫コレクション

1998年、台湾大学医学院解剖学科を中心とする人骨資料再生のためのプロジェクトがスタートし、筆者はそのお手伝いをさせていただくことになった。半世紀分のほこりを洗い流す作業、記録の確認、台帳作りなどを進め、2000年8月には「体質人類学研究室」の開設が実現した。保管が面倒でスペースを取る人骨は、現在の日本の大学ではどちらかというと厄介者扱いで、新たに人骨のための研究室を作るなど考えられないことである。台湾大学の懐の深さには感嘆するばかりである。

人骨は頭骨だけで1580体が確認された。いわゆる台湾原住民と呼ばれているのは山地や東部に住み、独自の民族文化を持つ人たちであるが、資料には泰雅《タイヤル》族、布農《ブヌン》族、雅美《ヤミ》族、排湾《パイワン》族などの人骨200体余が含まれていた(図1)。なお、台湾では、一般的に使われる「先住民」という用語が、先にいて現在は消えてしまった人という意味になるので、元々いた人という意味の「原住民」が使われる。

資料数は多くないが、墾丁寮、烏山頭、圓山などの貴重な先史時代（新石器時代）人骨があることも分かった。台湾の新石器時代は約7千年前から5千年前までの前期、約5千年前から2千年前までの中・後期に分けられるが、人骨のほとんどは中・後期に属するものである。

また、意外なことに、琉球の人骨がまとまった資料として含まれていた。金関研究室の業績に琉球人の論文があるが、資料がどこにあるのかは知られていなかった。「運天」と記さ

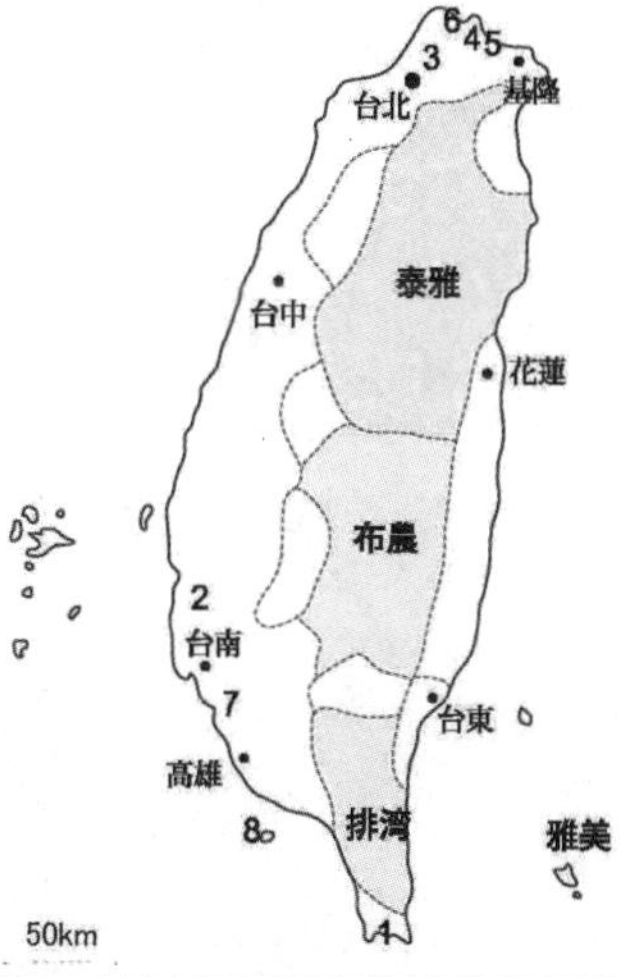

図1　台湾大学医学院体質人類学教室所蔵人骨の出土地（土肥他、2008より）。先史時代…数字で示しているところ（1・墾丁寮、2・烏山頭、3・圓山など）、原住民…線で囲まれたところは代表的な原住民居住域（網掛け部分は体質人類学教室所蔵の4集団）

写真１　台湾大学医学院体質人類学教室での調査

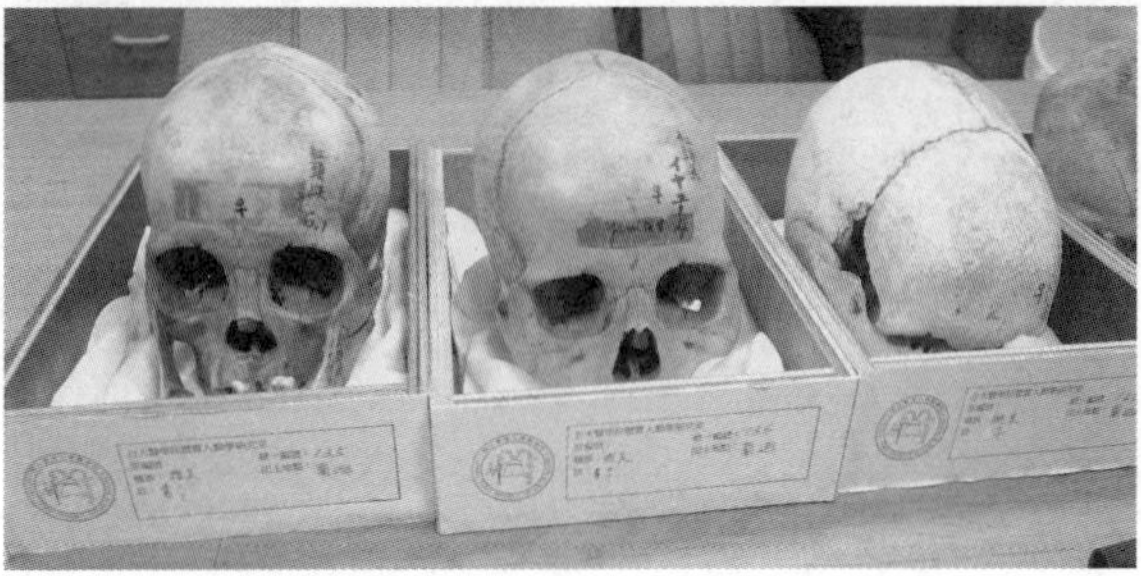

写真２　台湾大学医学院の収集人骨

れたものがあるので、おそらく、多くは今帰仁村運天の風葬墓から出土した人骨と思われる。

50年余を生き抜いた金関コレクションは、しかし、これで安心というわけでもない。学問研究の流れは時代とともに変わるものである。将来に繋げるためには、新しい研究成果を出すことによって、資料の存在とその意義を広く知ってもらう必要がある。しかし、残念ながら、台湾には古人骨を研究する形質人類学の専門家がほとんどいないということで、私たち日本の人類学者との共同研究が計画された。

２００４年からスタートした共同研究「台湾大学医学院収集人骨の人類学的総合研究」には、各分野のエキスパートが加わり、総合的な調査に取り組むことになった（写真１・２）。

写真３　シンポジウムで講演する蔡錫圭先生

そして、共同研究の成果は08年5月29日に台湾大学医学院で開催されたシンポジウム「台湾大学医学院収集人骨の人類学的総合研究」で報告された（写真3）。シンポジウムには学内外から多数の方が参加され、予想以上に熱い議論が展開された。

出台湾仮説

台湾の人骨が沖縄人解明に重要な意味を持つのはもちろんであるが、実は、さらに広く、太平洋に広がった人たちのルーツを考える上でも大きな鍵を握ると考えられている。台湾、フィリピン、東南アジア島嶼部、太平洋に広がる、いわゆるオーストロネシア語族系の人たちの拡散について、台湾が出発点であるという仮説がある。出台湾（Out Of Taiwan）仮説と呼ばれている仮説である。

それによると、太平洋地域に広がって行った人たちは、台湾を出発点に新石器時代になって南下し、フィリピン、東南アジア島嶼部から東方のオセアニアへと拡散した。この仮説は、言語学者や考古学者の間ではほとんど定説のようになっているという。しかし、人骨からの検証は資料が少なく進んでいない。

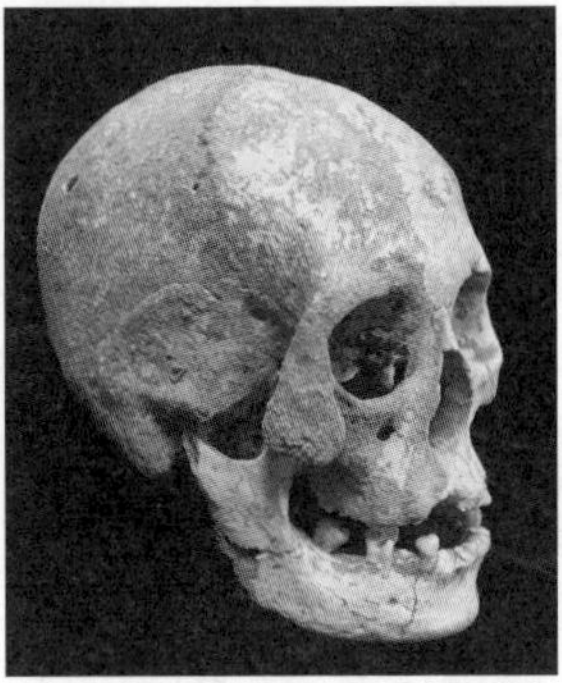
写真４　墾丁寮遺跡の新石器時代人
（台湾大学医学院体質人類学教室所蔵）

共同研究チームの片山一道さん（京都大学名誉教授）は、台湾大学所蔵の先史人骨（写真４）と、ラピタ人（ラピタ土器文化を持つ新石器農耕民）などのオセアニアの先史人骨の頭骨計測値を比較することで人骨からの検証を試みた。その結果、台湾先史人骨がオセアニア先史人骨の変異の中に収まることが明らかになった。今後のさらなる検証は必要であるが、出台湾仮説は人骨の分析結果からも妥当性がありそうである。

琉球語・日本語もオーストロネシア語の影響を受けているという考えがあるので、沖縄、特に先島と台湾との関係は重要であるが、分析のための先島の先史人骨が十分でないのが残念である。やはり、先島の人骨研究を急ぎたい。

フィールドノート

鳥居龍蔵

沖縄・台湾考古学の先駆

沖縄・台湾の人類学研究に足跡を残した日本人研究者としては、金関丈夫のほかに鳥居龍蔵（徳島県出身、1870 ～ 1953年）が挙げられる。鳥居は東京帝国大学（現東京大学）人類学教室で坪井正五郎に師事し、人類学の先駆者として学史にその名を刻んでいる。日本人起源論に関して、日本の先住民をアイヌとする小金井良精とアイヌの伝説上の小人・コロボックルとする坪井正五郎の論争時に、恩師の説を検証するために調査した千島でアイヌに繋がる証拠を発見し、逆に恩師の説を否定したという話は有名である。徹底したフィールドワーカーであり、東アジア各地で精力的な調査を行っている。

沖縄で1904年に沖縄本島伊波貝塚、石垣島川平貝塚などで沖縄初の発掘調査を行ったことで知られている。沖縄で発掘が始まって100年を記念する行事も開催されたように記憶している。沖縄考古学の学史にも欠かせない人物である。台湾では1896 ～ 1900年にかけて、台湾原住民、特に紅頭嶼（蘭嶼）のヤミ族（タオ族）について詳細な調査を行った。また、現在、国の史跡に指定されている台北市圓山《えんざん》（まるやま）遺跡（4500 ～ 3500年前）の発見・発掘など、台湾考古学への貢献度も計り知れない。

数年前になるが、台湾調査の際に宿泊したホテルに「鳥居龍蔵」という名前のカフェがあって驚いた。金関コレクションといい、カフェ「鳥居龍蔵」といい、台湾の中で生かされる日本に複雑な思いがしないでもない。

近くて遠い国、遠くて近い国

海越え広がるDNA

沖縄に最も近い国は台湾である。沖縄の人類史解明の鍵は台湾の人類史にあると思うのだが、残念なことに台湾の人類史研究は進んでいるとは言えないようだ。沖縄の与那国島と台湾の距離は100キロ余り、与那国島と石垣島の距離とほぼ同じく、宮古島や沖縄本島までの距離よりもはるかに近い。現代ならば別であるが、国境などなかった先史時代にまったく交流がなかったとは考えにくい。ところが、意外なことに、沖縄と台湾の間には、考古学的にも人類学的にも共通点が少ないと言われている。

実際、墾丁寮《こんていりょう》遺跡（3500年前）、十三行《じゅうさんこう》遺跡（約2000〜4000年前）、卑南《ぴなん》遺跡（約2000〜3000年前）などの人骨を見た印象は同時代の沖縄と似ているようには思えなかった。

しかし、本当に違うのだろうか？　小柄で短頭（頭のかたちが丸い）の沖縄先史時代人の特徴は資源の少ない島の環境に適応したもので、実は台湾の先史時代人の方が本来の姿を示しているということはないだろうか？　まだ、十分な資料が見つかっていないだけなのではないだろうか？　あるいは時間軸をもう少し遡るとまた別の状況が見えてくるのではないだろうか？　現状では台湾の先史時代人と原住民の関係さえよく分かっていないのだから、まだまだ今後の研究次第では台湾と沖縄の関係が変わる可能性は大いにありそうに思われる。

ともあれ、今回は、沖縄と周辺地域の共通点を探すところから話を始めてみたいと思う。

山地の原住民布農族

以前に宮古島で発掘調査をしていた時、共同研究者の蔡錫圭台湾大学名誉教授が現場を訪ねてくださったことがあった。その時、蔡先生は調査メンバーの中に布農族にそっくりの人がいると大変喜ばれて、記念写真を撮って帰られた。発掘調査に参加していた宮古島出身の女性である。その時はあまり気にしていなかったが、２００９年に布農族の部落を訪ねた時になるほど！ と思った。実際に子どもたちの顔は宮古島の彼女にそっくりだったし（写真１）、何より、私たち日本の研究者がいっしょにいても違和感が感じられなかった。布農族の人たちから聞いた話も大変興味深かった。

まず、死者の扱いについては、日常生活の場である居間の床下に安置するとのこと。まさに生者と死者が同居状態である。ただ、子どもについては台所やかまどのそばに埋めるとのことで、子どもの死の扱いが大人と違うところは沖縄と共通していて興味深かった。

写真１　台湾原住民布農族の少女

生業は、男性はイノシシの狩猟、女性は粟などの農耕が中心である。収穫物は篭《かご》のベルト部分を額の上部に当てて運ぶのが一般的である（写真２）。男性は体重が１００キロを超えるイノシシをこの方法で運ぶことができるのだという。沖縄では頭頂部に物を載せて運ぶいわゆ

写真２　布農族の運搬法（篭のベルト部分を前額部に掛ける）

る頭上運搬と布農族と同じ前額《ぜんがく》運搬の両方が知られている。頭上運搬も前額運搬も世界中どこでも見られるものではあるが、取りあえず沖縄との共通点があることも確かである。

布農族の運搬方法については、実は、台湾大学医学院の人骨でも確認できている（写真3）。

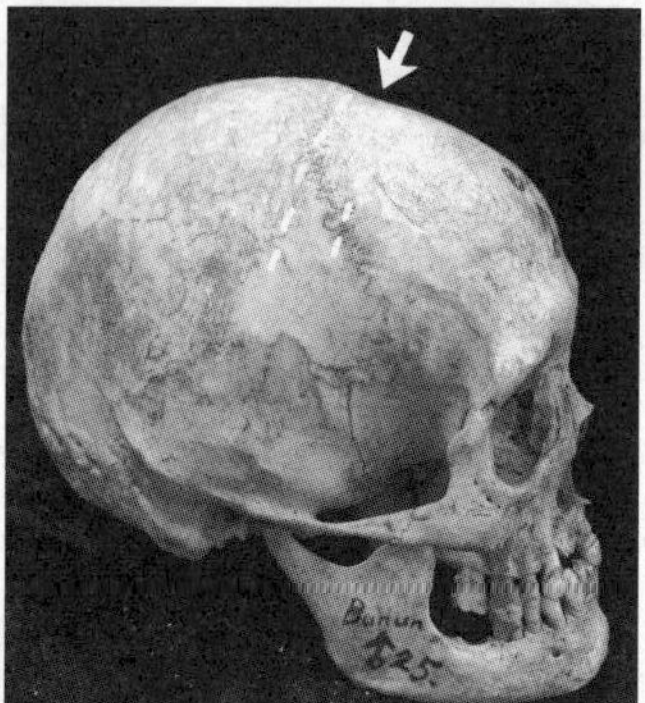

写真３　布農族の男性頭骨に見られた前額運搬によると思われるベルト状の溝

写真４　蘭嶼ヤユ村のイガン（中腹部に墓地がある）

頭骨にベルト状の溝が形成されているのである（写真3の矢印部分）。これほどはっきりと溝状の凹《へこ》みが形成されているのを見たのは初めてだった。日常的に相当の重量の負荷が繰り返された結果であろう。その影響は当然のことながら脊柱にも及んでおり、重度の変形性脊椎症が認められた。まさに、骨は履歴書なのである。

トビウオ漁の島、蘭嶼

蘭嶼《らんゆう》紅頭嶼《こうとうしょ》を訪ねるのは永年の夢だった。蘭嶼の雅美《ヤミ》（タオ）族の人たちに会ってみたかったからである。原住民の頭骨の中で、沖縄で見られるような小柄で頭が丸い（短頭）特徴をもっていたのは雅美族の頭骨だけだった。また、雅美族のルーツが、シャ

写真5　トビウオ漁に使われる蘭嶼海人の舟

コ貝製斧など先島無土器期と共通の文化をもつフィリピンということでも興味をそそられた。

金関丈夫先生の「槍《やり》ぶすまに囲まれた話し」に出てくるヤユ村の葬地も訪ねてみたかった。イガンという海から突き出た三角形の岩山をよじ登って頭骨を収集し、村に入ろうとした時に、槍をもった原住民に囲まれて這々《ほうほう》の体《てい》で逃げ帰ったという話は有名である。2011年に蘭嶼を訪ねた時にヤユ村で見たイガン（写真4）はいかにもそれらしい存在感を放っていて感慨深かった。

蘭嶼はタロイモの栽培が盛んで、質の良いことでも有名だと聞いた。また、男性は独特の舟（写真5）で行うトビウオ漁にほとんど命をかけているらしい。与那国島久部良の漁師さんはカジキマグロ漁に命をかけていると聞いたことがあるが、海人《うみんちゅ》に共通する並々ならぬこだわりが面白いと思った。

出台湾の末裔《まつえい》たち

ところで海人と言えば、5000〜6000年前に出台湾を果たした人たちはその後どうなったのだろうか？　およそ4000〜2000年前頃には東部ニューギニア、フィジーなどのメラネシア島嶼地域やトンガ、サモアの西ポリネシア島嶼地域で独特のラピタ土器文化を育んでいった。しかし、その後、不思議なことにラピタ文化は突然消えてしまうらしい。そして、文化的にも体質的にも変化を遂げて遠洋航海者となったポリネシア人が誕生する。基本的には土器をもたないが、もちろん、彼らはラピタ人の末裔と考えられている。

ポリネシア人研究の第一人者である片山一道さん（京都大学名誉教授）が「南太平洋のバイキング」と表現しているように、地球の面積の約3分の1を占める太平洋の大海原へと乗り出した彼らは、約1000年前頃までにはイースター、ハワイ、ニュージーランドにまで達している。何とも壮大でロマンに満ちた物語の世界をみるようである。

それにしても、なぜ、彼らは過酷と思われる海へ海へと活動の場を広げて行ったのだろうか。人口増加、環境悪化などさまざまな要因もあるかもしれないが、片山さんは海、星、風、鳥などを見ていると自然に沸き上がってくる衝動のようなものがあるのでは——と言っている。何となく納得してしまうのは筆者だけだろうか。

台湾に近い島嶼地域で海人のいる沖縄に彼らのＤＮＡは到達していないだろうか。クック諸島を訪ねた時に筆者の顔はポリネシア人に似ていると言われたが、沖縄の人ならなおさらだろう。

現在調査中の石垣島白保竿根田原洞穴遺跡遺跡には約２万年前から３０００年前くらいまでの情報が詰め込まれている。新しい調査の成果は沖縄人の歴史をさらに壮大な世界へと導いてくれるかもしれないのだ。現場にいるだけでワクワクする。

フィールドノート

決定的瞬間

現場から教わる化学

2013年10月29日（火）、石垣島白保竿根田原洞穴遺跡の発掘現場で、1.6～1.8万年前の地層を掘っていた時のことである。ピックの先に〝カツッ！〟という独特の感触が伝わってきた。アッ、骨だ！　ピックを止めて刷毛《はけ》で土を取り除いていく。すぐに黒っぽい頭骨の一部が土の中から顔をのぞかせた。新たな更新世頭骨出土！　の瞬間である。

保存状態は？　どれくらいの部位が残っているか？　顔は？　土圧などで割れてはいるが、ほぼ1個体分が残っていそうである。心臓のドキドキが指先まで伝わってきそうだった。周辺を探っていくと左の上顎骨が出てきた。これなら、頭の下の隠れた部分に顔の骨が残っているかもしれない。人類学者なら誰もが夢見る決定的瞬間である。フィールドワークを続けてきて良かった！　と心底感じられた瞬間だった。

意味合いは少し違うが、発掘現場で出会うもうひとつの決定的瞬間があることを思い出した。実は、土の中から掘り出された遺物は空気に触れた瞬間に色が変化するのだ。実際は、遺物に含まれる微量の元素や色素などが空気中の酸素と結びついて化学反応（酸化）を起こしているのだが。古墳人骨の翡翠《ひすい》製腕輪がコバルトブルーから緑色に変わる瞬間を目撃したときは本当に感動した。さらに、白保竿根田原洞穴遺跡では、掘り出した歯のエナメル質が空気に触れた瞬間に淡いブルーから白に変わるのを目撃した。教科書の化学は苦手だが、フィールドが教えてくれる化学は何とも楽しく美しい。

フィールドワークは期待した結果がすぐに出るとは限らない。しかし、フィールドにいなければ、こんな決定的瞬間に立ち会うこともできないのだ。

きっかけは在野研究家から

情熱が大発見に

大きな発見というのは、大学などの研究機関に所属する「プロ」の研究者ではなく、「アマチュア」と呼ばれるような在野の研究者によってなされることが多いように思う。

記憶に新しいのは2007年に発見された石垣島白保竿根田原洞穴の旧石器時代人骨である。発見者は、沖縄鍾乳洞協会理事長の山内平三郎さんとその調査グループである。新石垣空港建設予定地内で洞穴調査をしている時に見つかった。有名な港川人の発見者である大山盛保さん（1912〜96年）は那覇市の実業家だった。また、日本で初めて旧石器を発見し、日本列島に旧石器文化が存在することを証明した相沢忠洋さん（1926〜89年）は行商をしながら旧石器発見に情熱を燃やした人である。

他に適当な言葉が思い浮かばなかったのでアマチュアという言葉を使ってしまったが、そもそも、彼らに一般的な意味でのアマチュアという言葉は当てはまらない。彼らにはプロ顔負けの知識と経験があり、何より目標に向かって歩み続ける強い意志と情熱があった。相沢忠洋さんについては「学会や世間の差別に負けることなく、納豆の行商をしながら旧石器研究に情熱を燃やし続けた人」という以上のことを知らないので、ここでは直接そのお人柄に触れる機会のあった山内さんと大山さんのことを紹介してみたい。

山内平三郎さんのこと

山内さんと初めてお会いしたのは、沖縄で研究を始めて間もない頃だったと思う。「伊良部島の洞穴で人骨が見つかりました。まだ現場には人骨が残っているかもしれないので、一緒に確認に行きませんか」というお誘いを受けた。学生時代に洞穴に入った経験があるにはあったが、縦穴は初めてである。さすがにちょっとビビってしまった。しかし、人骨と聞いて行かないわけにもいかない。一大決心をして参加させていただいた。

確かアブガーという洞穴だったと思う。深さ50メートルを超える縦穴洞穴は、洞口近く

写真1　伊良部島での洞穴調査

はぼんやりと見えるものの、光の届かないその下にはブラックホールのような真っ暗闇があるだけだった。幸い、洞穴は2段構造になっていて深さ20メートルくらいのところに平場があり、そこで何か見つかるかもしれないとのことだった。それならというので、20メートルの縦穴を降りることになった（写真1）。

入り口でワイヤ梯子《ばしご》の降り方のレクチャーを受け、ほとんどぶっつけ本番で降りていった。緊張のあまり恐怖心を感じる余裕さえなかったと思う。そして、約10分後、何とか20メートル下に降り立つことができた。しかし、どんな世界にもプロの技があるものである。山内さんが同じところを数秒で降りてこられたのにはびっくりして声も出なかった。この時の調査では新しい人骨の発見には至らなかったが、動物の化石などが発見されている（写真2）。

写真2　出土した動物化石（ミヤコノロジカ）

山内さんはその後も化石人骨発見を目指して沖縄各地の洞穴調査を続けてこられた。人骨が見つかると、そのたびに筆者も調査に同行させてもらったが、人骨は確かに化石化していてカチカチなのだけれども、年代を測ってみるとほとんどは500〜600年前というものだった（写真3）。近世の古墓で厨子に入った人骨が化石化しているのを見たこともある。化石化というのは見ただけでは分からないものである。ここで、凡人の筆者は、洞穴の人骨はよく分からないというマイナス思考をするようになってしまった。ところが、大きな発見をする人はど

写真３　洞穴から出土した人骨（化石化しているが年代は500 ～ 600年前）

こまでもプラス思考ができるのである。

「人骨が見つかりましたよ！」とまたまた笑顔の山内さんが大学に訪ねて来られた。２００７年のことである。人骨を見せてもらったのは実習室に行く途中の道端だったと思う。正直、人骨は確かに古そうには見えたが、これまでのことを考えると「年代測定をするしかありませんね」と答えるしかなかった。実は、その人骨こそがその後脚光を浴びることになった２万年前の人骨だったのである。

白保竿根田原洞穴遺跡での人骨発見は、99％が失敗でも、続けなければ１％の成功に出会うこともないというお手本のようなものだったと思う。

大山盛保さんのこと

港川人の発見者である大山盛保さんに最初にお会いしたのも、琉大に赴任して間もない頃だった。泊にある会社にお訪ねしたのだが、案内されて入った社長室にはびっくりした。予想したイメージとはまるで違っていたからである。収集された化石であふれそうな陳列棚が所狭しと並んでいて、ビジネスの場というより、まるで博物館の一室のようだった。

大山さんのお話は淡々として穏やかだったが、その言葉の端々にはふるさと沖縄への愛情と沖縄人としての誇りがあふれているように感じられた。その後も、二、三度くらいお訪ねする機会に恵まれたと記憶しているが、いつも気にしておられたのは港川人の骨が東京大学に保管されていて、地元では見ることができないということだった。

ご自身で見届けられなかったのは残念だったと思うが、大山さんの願いは2007年の沖縄県立博物館・美術館の新館オープンに合わせて実現することになった。3号人骨と4号人骨(写真4)のみではあるが、現在はふるさと沖縄に戻り同館に安全に保管されている。

大山さんのことで印象に残っていることがもう一つある。ご家族からうかがった話であ

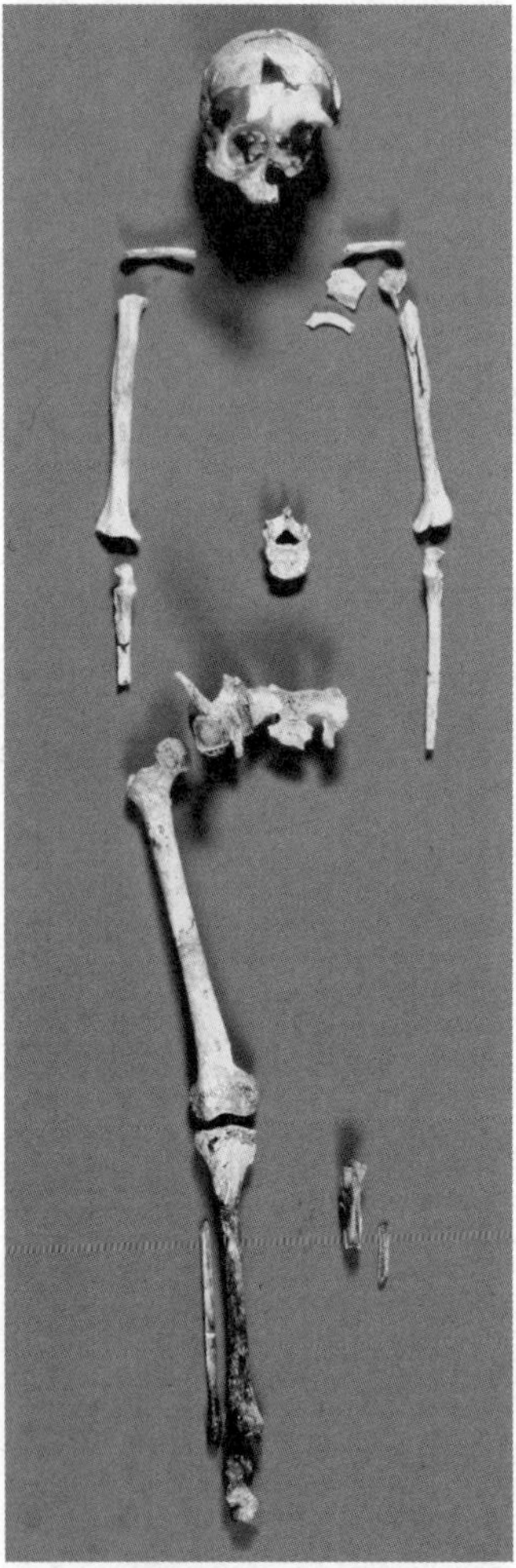

写真４　港川４号人骨（写真提供：沖縄県立博物館・美術館）

るが、大山家ではお父さん（大山盛保さん）の家庭サービスというのはすべて化石探しだったという。子どもの頃に遊園地やデパートなどに連れて行ってもらったことは一度もないとのことだった。ご家族は最大の理解者で応援団だったのだろう。大山盛保さんの情熱が並大抵ではなかったことを示す逸話である。

＊　＊

新しい発見は華々しく報道され注目を浴びる。また、発掘で出土した「モノ」や専門家の分析結果が注目を浴びることもある。しかし、当然のことだが、掘り出されただけで由来が分からなければ、「モノ」は何の意味ももたない。その背後にあるさまざまな情報を読み取りながら意味付けしていくのが発掘調査である。注目される「モノ」の背後で多くの汗が流され、頭を悩ませながら泥と格闘している人たちがいることを忘れるわけにはいかない。

現在、白保竿根田原洞穴遺跡では県立埋蔵文化財センターによる発掘調査が行われており、新たな発見が続いている。調査を担当する人たちは毎日が緊張の連続だと思う。発見、調査、分析がうまく連動して初めて遺跡は輝き、時代を超えたメッセージを発信することができる。

フィールドノート

トラウマ

穴底から見上げた空

暗いところ、狭いところが苦手である。それほど長時間でなければ耐えられないことはないが、できれば避けたい。九州大学探検部時代は鍾乳洞の調査をしたこともあって特に気にしたことはなかったのだが。フィールドワーカーとしては何とも情けない話である。

そもそも、こんなことになったのはいつからなのか。実は、思い当たることが一つだけある。まだ九大にいた頃である。その時の経験は多分一生忘れられないと思う。

筑紫野市というところで近世墓の発掘調査に参加した時のことである。墓はどれもほとんど同じ規格で作られていて、大きさは縦横約1メートル、深さが2メートルくらいである。人骨は墓の底に納められた甕《かめ》あるいは桶《おけ》に入っているので、調査時は梯子《はしご》で降りて、じゃまな梯子は取り除かれる。狭い墓穴から見えるのは小さな空だけで、外の音もほとんど聞こえない。作業に集中している時は良いのだが、ふっと一息ついたりすると、このまま忘れられたらどうしよう、という不安が頭をよぎったりする。梯子が降りてきた時は心底ホッとしたものだ。小さな空を見上げる日々は2カ月くらい続いたと思う。

沖縄鍾乳洞協会の山内平三郎さんに、暗くて狭い洞穴の面白さを尋ねたことがある。「未踏の処女地が残されているのは今や洞穴だけで、そこに自分の足跡を残す喜びがある」という明快な答えが返ってきた。なるほど素晴らしい！　頭の中では共感するのだが、処女地でなくてもいいから大空の見える地上が一番と思ってしまうのは、近世墓の底から眺めた小さな空のせいだろうか。もちろん、そこに人骨があるというのなら話は別である。

白保竿根田原洞穴遺跡調査

21世紀型の発掘調査

沖縄県立埋蔵文化財センターによる2013年度白保竿根田原洞穴遺跡（写真1）の発掘調査が終了した。約2カ月の調査期間中は、人骨担当として、石垣島と沖縄本島を行ったり来たりの生活だった。遺跡の本格的な調査は今回が最後というので、最終日の11月30日には発掘現場が一般の人たちに公開され、12月1日には遺跡の調査に関わった研究者らがそれぞれの成果を報告する講演会が開催された。現場説明会は調査と同時進行で行われ

写真1　白保竿根田原洞穴遺跡（篠田謙一氏撮影）

たので、参加者には、実際の発掘の雰囲気まで感じていただけたのではないかと思う。

こんな言い方をすると、現場は予定通りに順調に終わったかのように聞こえるが、実は、大変だった。発掘は終了間際に思わぬ発見があって慌てることが多い。11月30日も結局、日没までに終わらず、車のライトと懐中電灯で照らしながらの大変な調査になってしまった。終わった瞬間には、現場全体から安堵《あんど》のため息が聞こえたようだった。

今、無事に終わってあらためて感じるのは、いろいろな意味で、これほどすごい調査はもう二度と経験できないかもしれないということである。そこで、今回は、調査のどこがすごかったのか、それによってどんなことが分かったのか、そして、期待される今後の展開などについて、人骨調査の成果を中心に紹介してみたい。

類例のない最新調査

石垣市民会館で開催された講演会の席上、DNA分析を担当された国立科学博物館人類研究部の篠田謙一さんは、今回の調査は「21世紀型の発掘調査」として歴史的な調査になるだろうと指摘された。それほど特別で、類例を見ない新しい調査が行われたのだ。まず、可能と思われる分析、期待される成果について、専門家を交えて徹底した議論が行われた。次に、それを基に採用されたのが以下のような効率的で細密な調査法だった。

〈すべての土の回収と洗浄〉　沖縄の更新世遺跡で課題となっている石器や、古環境復元に有効な小動物の骨を収集するために、掘り出されたすべての土は回収・洗浄された。

〈すべての遺物の3次元位置情報を記録〉　洞穴がどのように利用されたか、墓と言えるのかなど、遺跡の評価に必要な遺物（人骨片、動物骨片、石など）の正確な位置情報が収集された。土中から発見することさえ難しい小さな歯1点でさえ、出土位置が遺跡の3次元座標に記録されていて、最終的には出土遺物全体の位置関係がコンピューター上で復元できるという素晴らしい調査が行われたのだ。

〈層序の年代は遺物から科学的手法で決定〉　年代の指標となる人工物の出土が見込めないため、直接、遺物（炭、動物骨、人骨）からの年代測定が行われた。

〈遺物（特に人骨片）に素手で触れない〉　骨から回収されるDNAは超微量であるため、できる限り現場調査員からの汚染を防止する必要がある。そこで、遺跡での作業はすべて

写真２　取りあげられた人骨（写真提供：県立埋蔵文化財センター）

写真３　ＤＮＡ分析のための資料採取

手袋着用とされた。また、人骨の取り上げに関わる人間も制限された。

〈遺物の迅速な回収と冷暗所保管〉　年代、DNAなど化学分析の対象となる人骨中の有機質は時間とともに劣化していくため、回収までの時間の短縮、アルミ箔《はく》による紫外線遮断（写真2）、冷暗所（冷蔵庫）保管を徹底することで分析資料の劣化防止が図られた。人骨の形態学的調査は、分析用資料のサンプリング（写真3）が終了するまで待つことになる。

出土する遺物のほとんどが人骨という特殊性もあったが、人骨のもつ情報を最大限に生かすための調査法として、白保竿根田原洞穴遺跡での調査は今後とも参照され続けていくのではないだろうか。

分かってきたこと

白保竿根田原洞穴遺跡からは、これまでの調査で約800点の人骨片が出土している。これらの人骨の多くは約1万年前から2万年前の更新世末から完新世初頭、文化的には旧石器時代に属する人骨である。これほど多量の旧石器時代人骨が見つかるのは世界的にも珍しく、人類史の解明にとって画期的な発見と言える。

人骨の調査からはこれまでにない新しい成果が得られている。特に、今回、2万年前の人骨からDNAが抽出されたことは、日本最古のDNAとして、マスコミでも大きく報道されて注目を集めた。分析を担当した篠田謙一さんによると、ミトコンドリアDNAのハプロタイプは南方に分布の中心をもつものであるという。琉球列島の人たちがどこから来たか？という課題の確かな糸口が少し見えてきたようである。

接合された人骨の調査からも当時の人たちの様子が少しずつ見えてきている。人骨には複数体の成人男女（大腿骨からの推定で10体分以上）が含まれていること、集団の規模は小さなものだったと思われるが、遺跡は遺体を葬る場所として長期間利用されていたらしいこと、また、人骨には非常に豊かな生活の情報が残されていることなどが分かってきたのである。

特に、情報が多かったのは歯である。歯のエナメル質は人体で最も硬い組織であるため遺跡に残る確率が高く、今回の調査でも100点以上が確認されている。ほとんどはバラバラの遊離歯であるが、激しく摩耗したもの、虫歯のあるもの、歯石が付着したものなど、当時の食生活を物語るような痕跡が残されている。また、外傷を受けて変形した大腿《だいたい》骨からは、歩行が困難な仲間への手厚いケアがあったことも知ることができた。

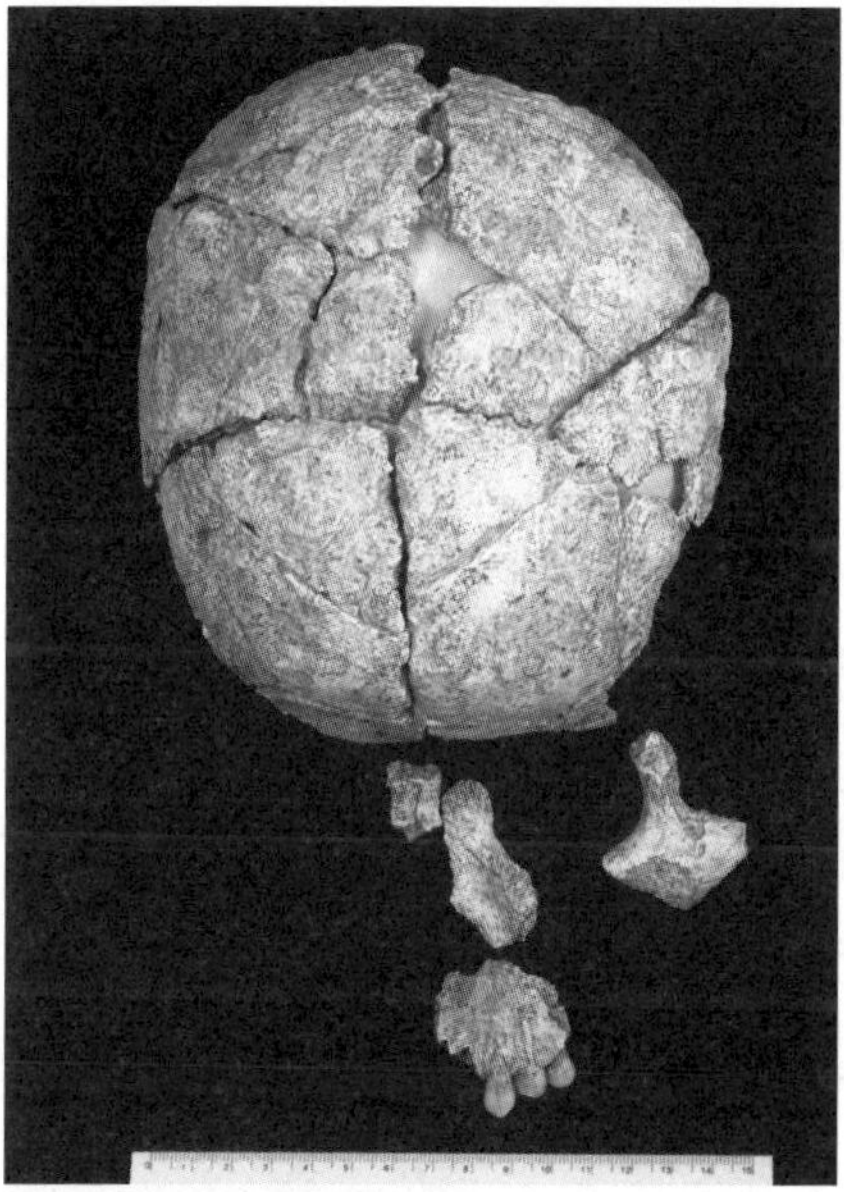

写真４　Ｈ６区で発見された頭骨
（写真提供：県立埋蔵文化財センター）

２万年前の人たちの生活は今とは比較にならないくらい厳しかったはずである。しかし、それ以上に、生き延びるための強い能力（今の私たちは失ってしまったものかもしれない）を持ち合わせていたのだろう。今後の詳細な分析で、さらに具体的な沖縄の旧石器時代人像が描けるようになるはずである。

頭骨復元プロジェクト

ところで、今回の調査では、比較的保存状態の良い頭骨が見つかっている（写真4）。ただ、顔面部の骨など足りない部分も多く完全とはいえない。現在、日本の旧石器時代人で顔の特徴が分かるのは港川1号人骨だけである。たった1人の特徴で沖縄人や日本人のルーツが議論されているのだから、今回発見された頭骨の顔つきが分かれば、それらの議論に対する貢献度は計り知れないことになる。そこで、現在、新しいデジタル技術を利用して、コンピューター上で全体を完成させようという試みが始まっている。近い将来に、新たな旧石器時代人の顔を紹介できるはずである。

沖縄は人類学のフィールドとして、まだまだ、大きな進展が期待できるところである。今後の成果を楽しみにしていただきたい。

フィールドノート

遺跡の時間、宇宙の時間

不思議な巡り合わせ

発掘調査は天候に左右される。白保竿根田原洞穴遺跡の場合、発掘現場の足場が悪くて危険なため、雨が降ると作業は中止になる。そんな時、なぜか調査チームは国立天文台ＶＥＲＡ石垣島観測局を訪ねることが多い。毎日地面ばかり見ているからというわけではないが、宇宙の果てに向かってそそり立つ直径20メートルの巨大な電波望遠鏡（写真５）を見上げていると、また頑張ろうという気持ちが湧いてくるから不思議である。

ＶＥＲＡは銀河系の３次元精密立体地図を作る電波観測プロジェクトとのこと。宇宙のかなたからやってくる微弱な電波を４カ所（岩手県水沢、小笠原、鹿児島県入来、石垣島）の電波望遠鏡で同時に測定することで、直径2300キロのさらに巨大な電波望遠鏡として精度の高い観測ができるのだという。最新の観測成果では、銀河系の中心から太陽系までの距離が約2.6万光年であることが明らかになった。光の速度で2.6万年の距離である。

2.6万年で思い出されるのが白保竿根田原洞穴遺跡の年代（約２万年前）である。何と、ちょうど琉球列島にヒトが棲《す》み始めたころに銀河系の中心付近を出た光が、今、私たちのところに届いていることになるのだ。

銀河系と遺跡の時間が時空を越えてつながるとは！　まったくの偶然にしては、あまりにもタイムリーで、不思議な巡り合わせを感じないではいられない。遺跡も宇宙もロマンがいっぱいである。

写真５　国立天文台ＶＥＲＡ石垣島観測局の電波望遠鏡

骨から見える沖縄人

ヒトの往来繰り返す

２０１３年12月18日付の朝刊紙面に、「伊江島ナガラ原第三貝塚で県内初となるゴホウラ貝製の腕輪着装人骨が出土」という記事が大きく掲載されていた。ナガラ原第三貝塚は、縄文時代後期（約３０００〜４０００年前）の住居址《あと》と多数の炉跡が発見されたことで話題になった遺跡である。人骨はやや上層から発見されているので、弥生時代の可能性もあるとのことだが、住居址、炉跡、墓がそろっていて、しかもこれほど保存良好な状態で発見された例はないのではないだろうか。沖縄で約20年、遺跡の人骨調査に携わってきたが、ゴホウラ貝製の腕輪を着装した人骨を発掘したのは初めてだった。

人骨はかなり高齢の小柄な女性である。左手首に腕輪を着装して１体だけ石棺に葬られていた(写真1)。石棺の外には男性と思われる人骨も含めて3体が埋葬されていたので、石棺内の女性が特別の存在であることは明らかである。ゴホウラ貝製の腕輪に関しては、弥生時代に北部九州の男性豪族に好まれたイメージが強い。貝文化で有名な種子島広田遺跡（3～7世紀）では豪華な貝製品をもつ女性人骨が多く見られるが、ゴホウラ貝製の腕輪を着装していたのは男性である。ナガラ原第三貝塚の女性が集団の中でどんな役割を担っていたのか、また、当時の社会がどんなものだったのか、今後の研究の展開が楽しみである。

写真1　伊江島ナガラ原第三貝塚の石棺人骨
（写真提供：伊江村教育委員会）

さて、今回は「骨語り」も20回目、最終回である。最近のように次々と新たな発見が続くと、謎が解決するどころか、ますます増えてきているように思われるのだが、取りあえず、まとめにならないかもしれないまとめをやってみようと思う。

旧石器時代人

まず、最近話題を集めている旧石器時代人について考えてみたい。港川人（約1・8万年前）をはじめとする沖縄の旧石器時代人に関しては、これまで人骨からの直接年代測定が行われていなかったこと、人工物が発見されていなかったことから、その信頼性に疑問を投げかける研究者も多かった。しかし、白保竿根田原洞穴遺跡やサキタリ洞遺跡で年代の確実な旧石器時代人骨が、また、サキタリ洞では旧石器が確認されたことから、過去に発見された人骨についても再評価がなされつつある。旧石器時代人は確かに沖縄各地にその痕跡を残しているのである。

では彼らはいつ頃、どこからやってきたのだろうか。石垣島に約2万年前からヒトがいたことは確実である。また、沖縄本島には港川人のほか、山下町第一洞穴に約3・2万年前の人骨が残されている。宮古島には約2・5万年前のピンザアブ洞穴人がいる。これらの痕跡からは3〜4万年前頃には最初の沖縄人が島々に棲《す》み始めていたことがうかがえる。

どこから？については、白保竿根田原洞穴人の遺伝子は南方を指している。東南アジアや大陸の島嶼《しょ》部から沖縄への渡海は関野吉晴さんの縄文号ですでに実証済みである（172頁・フィールドノート参照）。最初の沖縄人像がどんどん具体的になって来つつあるようだ。ただ、石垣島と沖縄本島の旧石器時代人の関係については、まだ検討すべき課題が残されている。石器など文化的な共通性が確認されていないこと、宮古島と沖縄本島の間にある約250キロの慶良間ギャップは1000年前まで克服できていないことなどからである。

貝塚時代人

次に、沖縄各地に痕跡を残した貝塚時代人はどんな人たちだったのだろう。沖縄の縄文文化は九州など北から伝えられたという考えが一般的である。文化の流れとヒトの流れは必ずしも一致するとは限らないが、まったくヒトの移動を伴わないというのも考えにくい。とすると、沖縄諸島の縄文人（貝塚時代人）は北からやってきた本土縄文人なのだろうか。南からやってきたと思われる旧石器時代人の子孫たちはどうなったのだろうか。既に絶滅していたのだろうか。生存競争に負けて駆逐されたのだろうか。混血したのだろうか。確たる証拠があるわけではないが、両者は共存し、次第に混じり合い、沖縄の貝塚文化を作っていったと考えたいところである。

どちらにしても、貝塚時代人は彫りの深い顔つきで本土の縄文人と共通する特徴をもっている。しかし、ほとんど同じかと言われればそうでもない。最も違うところは全体的な大きさである。頭骨も一回りくらい小さい。男性の平均身長は縄文人が１５９センチ、渡来系弥生人が１６５センチ程度であるのに対して、貝塚時代人は１５５センチくらいしかない。港川人の身長も１５４センチ程度である。身長は栄養状態とも関係するので、彼らの生活環境が厳しかったことは十分に考えられる。さらに、小柄な体格については、資源の少ない島への適応戦略としての島嶼化を考える必要があるのかもしれない。

島嶼化とは、資源が乏しく隔離された島のような環境ではエネルギー消費を節約するために、大型の生物が矮小化《わいしょう》する現象のことで、最近ではインドネシアのフローレス島で発見された身長1メートルほどのフローレス人の例が知られている。

港川人も貝塚時代人も小柄になったことで島嶼環境に適応し、独特の特徴をもつに至ったのではないだろうか。ただし、縄文文化とは異なる二つの先史文化が存在する先島では別のストーリーを考える必要があるかもしれない。

グスク時代人とは?

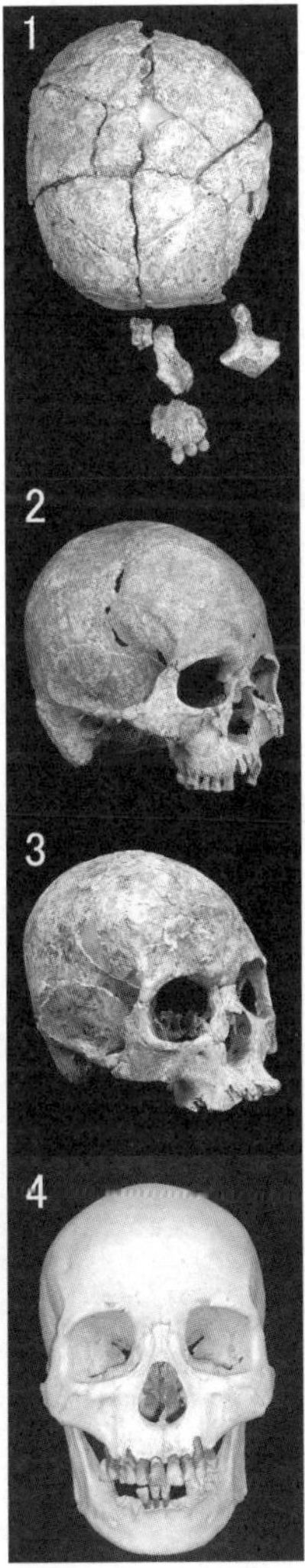

写真2　沖縄各時代の頭骨
1=白保竿根田原洞穴遺跡(県立埋蔵文化財センター所蔵)
2=具志川島岩立遺跡西区(県立埋蔵文化財センター所蔵)
3=浦添ようどれ2号石棺(浦添市教育委員会所蔵)
4=ヤッチのガマ(県立埋蔵文化財センター所蔵)

写真2は頭骨を時代順に並べたものである。やはり、浦添ようどれの特異な風貌が目を引く。グスク時代人骨のほとんどに同様の特徴が見られること、これらの特徴が日本の同時代人骨にも共通して見られること、また、この時代に新しい農耕文化が始まったことなどから、グスク時代に周辺地域の人たちとの交流があったことは明らかだろう。ただ、現在得られているグスク人骨が社会的に選ばれた少数の人たちを代表している可能性は否定できない。彼らは現代沖縄人にどれくらいの遺伝的影響を与えたのだろうか。貝塚時代人の子孫と思われる人たちの墓が見つからないのでそれ以上のことは分からない。今後の遺伝子研究に期待したいところである。

＊　＊

人骨から見えてきた沖縄人の成り立ちはそれほど単純なものではなかった（図1）。おそらく、琉球列島へのヒトの波は一度や二度ではなく、北からも南からも繰り返しやってきたのではないだろうか。資源の乏しい環境で3万年以上もヒトが暮らし続けた島は世界

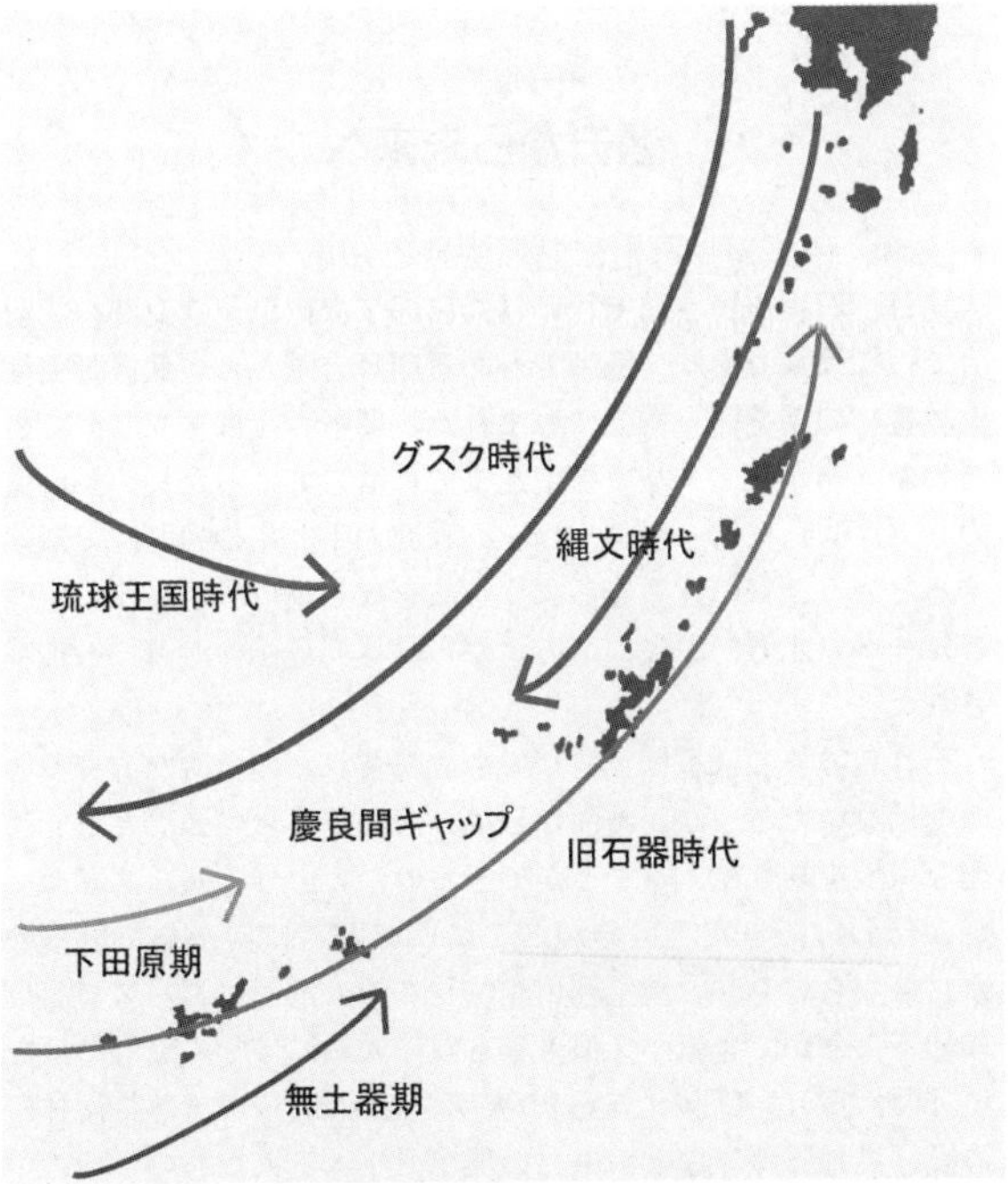

図1　琉球列島へのヒトの渡来

的にもめずらしいと言われる。各時代の人骨がこれほどまとまって残されている地域も少ないと思う。今後とも人類史研究のフィールドとして沖縄は注目され続けていくに違いない。

最後に、沖縄で人類学の研究ができたこと、多くの遺跡・人骨に出会えたこと、多くの仲間に出会えたこと、そして、連載の機会を与えていただいた琉球新報社に感謝したい。

フィールドノート

過去から未来へ

骨格に学ぶ生きる知恵

先日、石垣市民会館で行われた白保竿根田原洞穴遺跡の講演会で、探検家であり、医師でもある関野吉晴さん（武蔵野美術大教授）の話を聞く機会に恵まれた。関野さんはアフリカで生まれた人類が南アメリカの南端まで拡散していった長い長い道のり（グレートジャーニー）を、人間の手と足の力だけで踏破するという、気の遠くなるような旅を成し遂げ、さらに、三つのルート（北方、中央、南方）から日本列島への渡海にも挑戦された。

それらの旅の様子はテレビでも放映されたので観《み》た方も多いのではないだろうか。画面からは、人間は自らの知恵と力で過酷な環境を乗り越えることができるのだという強烈なメッセージが伝わってきた。自分がどこにいてどこに向かっているのか、今ならＧＰＳ（衛星利用測位システム）やコンパスで簡単に知ることができるが、何万年も前の人類にはそんなものはない。関野さんは人間の「五感」の大切さを強調された。熱帯雨林、砂漠、高地、海洋など、厳しい環境で生きる人たちの生活の中に、人類の未来、地球の未来へのヒントがあるのでは？とも。

人骨の調査から学ぶことも多い。人間の骨格には、環境や生活への適応の痕跡が残されている。特に、沖縄のように厳しい島嶼環境を生き延びた人たちの骨格には多くの知恵が隠されているはずである。遺跡から出土する人骨は、自然を知り尽くし、五感を研ぎすました人間の可能性を教えてくれているように思われる。何しろ彼らは大海原を乗り越えて琉球列島にやってきた人たちの子孫だからだ。

人類学を学ぶことは人間を知ることだと思う。

白保4号人骨の発見

連載終了から4年余、諸般の事情により、書籍化が今になってしまった。その間、本書にも度々登場した石垣島白保竿根田原洞穴遺跡では沖縄県立埋蔵文化財センターによる発掘調査が続けられており、人骨調査についても新しい発見が相次いだ。そこで、4年間を振り返りつつ、追加の「骨語り」を少しだけ書いておきたい。

発掘調査では最終日にとんでもない発見があることが多い。白保の場合もまさにその例だった。2014年度の調査は、前年度までの調査成果を整理し、まだ到達していなかった遺跡の最下層を確認するというのが主要目的だった。この年は人骨の出土も少なく、そのまま調査終了を迎えるかと思われたのだが、その最終日、H4区更新世層の壁面から左の膝の一部（大腿骨、脛骨、腓骨）がほとんど解剖学的位置（関節した）に近い状態で顔を覗かせた。それまで、白保の人骨はほとんどがバラバラの散乱状態で出土していたため、更新世人類の墓として誰もが納得する決定打に欠けていた。葬られた状態を保つ人骨の発見は遺跡の評価を決定付ける可能性があるのだ。調査チームのテンションは一気に上がった。だが、日程の関係で、この人骨の最終的確認は次年度調査を待つことになった。

２０１５年度の人骨調査はＨ４区壁面に集中して行われた。人類関係で参加していたのは土肥のほか、国立科学博物館（現慶応大）の河野礼子研究員、神澤秀明研究員である。土肥は骨の形態学、河野さんは骨と歯の形態学が専門、神澤さんは遺伝子が専門の研究者である。当然、やる気満々の土肥と河野さんは人骨が検出されそうな場所を確保し、発掘初心者で遺伝子専門の神澤さんには少し外れそうな場所を掘ってもらうことにした。ところが、である！　何と、頭骨を掘り当てたのは神澤さんだったのだ！　取り敢えず喜んではみたものの、土肥、河野の内心は何とも複雑だった。悔しいことに、当の神澤さんは掘り出したものが頭骨かどうか、人骨かどうかさえ分からなかったらしい。発見というのはこんなものなのかも知れない。その後、Ｈ４区発見の人骨は解剖学的位置を保つ１体分であることが確認され、仰向けで両肘を曲げて手を顔の近くに置き、膝を胸の位置まで強く屈曲させた姿勢で葬られたことも確認された。白保4号人骨と命名されたこの人骨が遺跡全体の謎を解く鍵となったのは言うまでもないことである。

2017年5月19日、白保竿根田原洞穴遺跡のマスコミ向け成果発表が県立埋蔵文化財センターで行われ、1号から4号までの4体の人骨が一般公開された。2万年前の琉球列島人に会えるというので、同センター始まって以来となる大勢の見学者が訪れたという。立派なケースに納められた人骨は重々しく誇らしげで独特の存在感を放っていた。遺跡で私たちをドキドキさせた泥にまみれた人骨とはまったく別物にみえるから不思議である。2万年の時を経て大勢の方たちと出会えたことを喜んでいるようにさえ見えた。

結局、白保竿根田原洞穴遺跡では下田原期、完新世初頭、更新世末を合わせて1000点を超える人骨片が検出され、復元された人骨は20体分を超えた。人骨そのものから科学的に年代が測定（14C年代）され、ミトコンドリアDNA分析が行われ、またデジタル技術を用いた頭骨復元など、様々な日本初となる成果が進行中である。今後の人骨研究からは新たな発見が相次ぐことだろう。先日、人類学者10名が沖縄に集結し、今後の研究に向けた勉強会を行った。土肥以外は県外の新進気鋭の若手人類学者で、それぞれに人骨の異なる部位を専門にする研究者たちである。全身骨格を丹念に調べていくことで白保旧石器人の顔つき、体つき、生活が少しずつ解明されていくだろう。本当に楽しみである。

沖縄は古人骨の宝庫であり、人骨研究の最先進地域である。特に、次々と発信される旧石器人調査の成果はどれも日本の人類史を塗り替えるようなインパクトをもっている。すでに大陸からは切り離されていた小さな島々に、どこから、どんなルートで、どんな方法で、なぜ、ヒトはやって来たのだろうか。アフリカを出発した人類のグレートジャーニーの足跡がこの琉球列島にしっかりと残されているのだ。

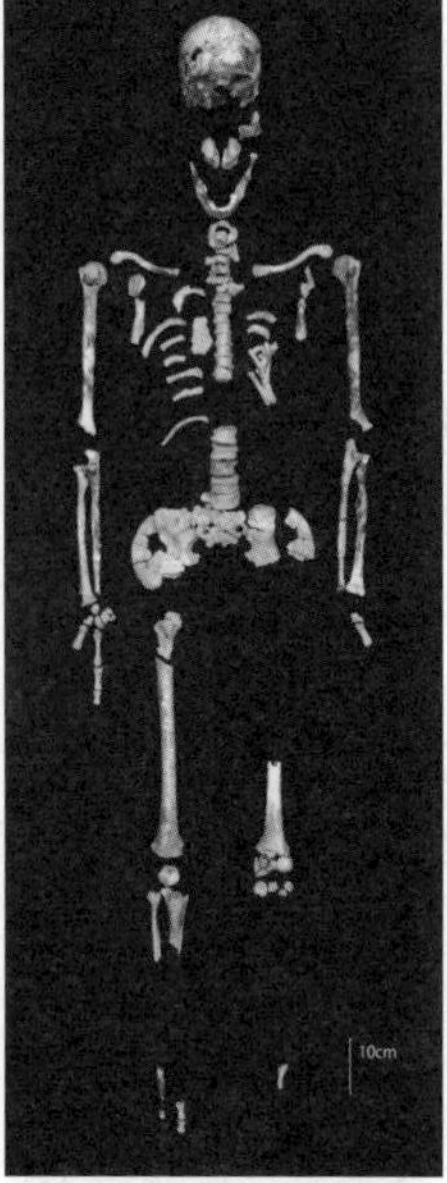

白保4号人骨（成人・男性）は全身の骨格がそろう貴重な旧石器人
（沖縄県立埋蔵文化財センター所蔵）

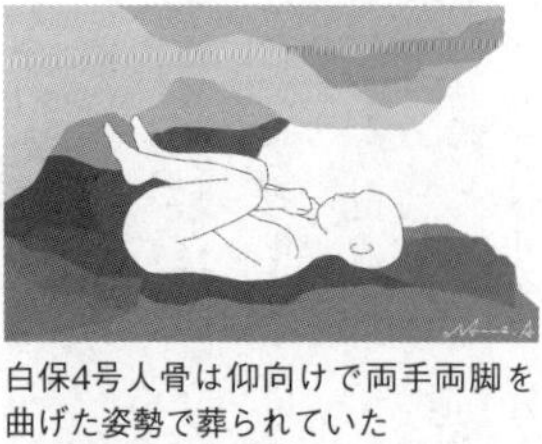
白保4号人骨は仰向けで両手両脚を曲げた姿勢で葬られていた
（沖縄県立埋蔵文化財センター（2017）より）

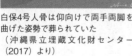

あとがき

沖縄は今、世界の人類学界、そして一般の方たちからも大きな注目を集めている。石灰岩由来の沖縄の土壌は人骨の保存に適しているため、人類史を語る画期的発見が相次いでいるのだ。1992年に筆者が九州大学から琉球大学に赴任し、沖縄の人骨研究をスタートさせた頃は、研究に利用できる沖縄の人骨資料はほとんどなかった。そこで、まずは離島などの風葬墓を見て回ることから始めたのだが、掘り出さなくても手の届くところに研究資料があるという状況は本当に驚きだった。まさにカルチャーショックである。墓は死んだ人だけでなく、その時代を生きた人たちの情報が詰まったタイムカプセルのようなものである。いつか開く時に立ち会えたらと願いながら、教育委員会による発掘調査の機会を待ったのだが、幸いなことに、その後、県内各地の教育委員会による多くの人骨調査に参加させていただいた。しかし、沖縄での人骨調査20年余を振り返ってみると、これは新しい成果だと思っても、ほとんどは先駆者たちの卓見の一部を追認したに過ぎないということばかりだったように思う。いつでもどこでも何をやっても敵わないと思い知らされたのは金関丈夫博士である。沖縄の人類史研究における金関先生の功績は計り知れない。

しかし、金関先生については、最近、人骨を沖縄から持ち出したとして問題視する記事がメディアで取り上げられるようになった。京都大学と台湾大学に保管されている琉球人骨が問題になっているのだ。確かに人骨を県外に持ち出したのは金関先生である。そして、それらの人骨が、金関先生が所属されていた京都大学と台湾大学に保管されていることを今帰仁村の百按司墓木棺修理報告書（２００４）に記載したのは筆者である。報告書を書いた当時、すでに世界の先住民人骨問題が注目されつつあったので、将来、これらの人骨が微妙な位置に置かれるかも知れないという認識がなかった訳ではない。それでも、研究者の責任として、事実を記載しないという選択肢はなかった。しかし、正直なところ、その後の展開は覚悟した以上に重いものになっている。今更ながら、研究者としても人間としても浅学未熟な自分を恥じるしかないが、沖縄で人骨研究を続けてきた研究者として、何らかの総括をしないわけにもいかない。そこで、あくまでも人骨研究者の視点からというお断りをした上で、少し整理しておきたいと思う。

そもそも日本の人類学研究は明治初期に始まっている。日本人類学会も明治17年（1884年）に坪井正五郎らが立ち上げた「じんるいがくのとも」という団体から始まったとされ、100年以上の歴史をもつ日本でも最古の学会の一つである。当時は、国の大きな方針として西欧化があり、学問・教育においても西欧が模範とされた。人体解剖学から出発した人類学（自然（形質）人類学）をリードした先駆者たちの多くはドイツで学んだ医学部出身者たちである。現在では、医学部で人類学研究が行われている所はほとんど無くなりつつあるが、筆者が九州大学医学部で人類学を学んだ頃は、まだ、かなりの大学医学部で人類学研究が行われていた。ここでいう人類学とは、狭義の人類学、すなわち生物としての人間（ヒト）を対象とした自然（形質）人類学である。解剖学は基本的に形態学である。したがって、人類学も形態学的研究から出発し、身体を計測し分析するための研究資料として人骨が収集された。人類学の目指すところは、「人間とは何か」を科学的に探求することである。しかし、人間は生物学的存在であると同時に文化的・社会的存在でもあるので、世界の歴史、国の歴史と無関係でなかったことも確かである。資料収集の過程では一部に行き過ぎた行為があったかも知れない。また、差異を調べる形態学が世界的な人種主義の影響を受け、それらの科学的根拠として利用された時代があったことも否定できないだろう。人間を対象とする学問の危うさと難しさである。

では、沖縄における人骨資料収集の状況はどうだったのだろうか。琉球列島は地理的に大陸と日本列島を飛び石状に繋ぐ重要な位置にある。当然、これらの島々は古くから多くの研究者たちの関心を引きつけてきた。しかし、海上に点在する島々へのアプローチは簡単ではなかったのだろうか、研究の空白地帯という状況が長く続いていた。金関先生にとって琉球は憧れ続けた地だったのだろう。先生の沖縄調査を記録した『琉球民俗誌』（法政大学出版）の行間には琉球に対する熱い思いが溢れている。『琉球民俗誌』には、金関先生が昭和2年（1928年）から昭和3年（1929年）にかけて、今帰仁村出身の教育者・研究者である島袋源一郎氏らの案内、立会いのもと百按司墓人骨を採取した経緯が詳細に記されている。また、調査の目的についても、日本人研究において空白地帯だった琉球の研究が不可欠と考え調査を行ったと記されている。この時の資料が京都大学と台湾大学に保管されていたのだ。そして、その成果（台湾大学解剖学研究室論文集（1948））は、長い間、唯一の琉球人骨計測資料として私たち後輩研究者に情報を提供し続けてきた。

金関先生は、戦後、解剖学教授として九州大学医学部に赴任された。筆者は残念ながら、九州大学在職中に直接教えを受ける機会に恵まれなかったが、金関先生から薫陶を受けた研究者は多い。それは国内に限らず台湾でも同様である。筆者は金関先生の孫弟子というだけで沖縄でも台湾でも有形無形の多くの恩恵を受けた。本書でも触れた台湾大学医学院の蔡錫圭博士は金関門下の一人である。戦後、大学が台北帝大から国立台湾大学へと再編され、また不安定な社会情勢下でも、金関先生の残された人骨資料を半世紀以上にわたって守り通されたのだ。戦後の大混乱の中、生き残った資料は本当に奇跡だと思う。古いもの、歴史的な遺産を大事にするお国柄とはいえ、大変なご苦労だったと聞いている。筆者が心から尊敬する蔡先生が、さらに尊敬してやまない金関先生は、いったいどれだけ凄い人物だったのだろうと思う。

私たち後輩にとって金関先生は日本人研究の中心におられた偉大な大先輩である。今では日本人の成り立ちに大陸からの外来遺伝子が関与したことは常識になっているが、30年くらい前はまだ、金関丈夫博士の「弥生人渡来説」と、東京大学人類学教室の鈴木尚博士の「小進化・変形説」は学会を二分する大論争となっていた。そんな状況の中、金関先生は形質の変化と遺伝、環境との関係を研究する必要があると痛感され、自らその研究資料になろうと考えられた。先生のご遺骨は今、お父様のご遺骨とともに、人類学の研究資料として九州大学総合研究博物館に献骨されている。また、金関先生のすごいところは、父子2代だけではなく、さらに繋がる家系研究資料にしようと考えられたことである。1975年発行の解剖学雑誌に「お願い」として掲載された先生の文章には、もし、子孫が献骨を躊躇するようなことがあれば学会員の皆様が説得して欲しい、という「お願い」が書かれている。そして、実は、その後、2015年に亡くなられたご子息の金関毅博士（元九州大学医学部教授）のご遺骨が加わり、現在、金関家資料は3代になっている。先日、筆者は恩師でもある金関毅先生のご遺骨と対面する機会に恵まれた。金関家資料はご遺族のご理解によって今後もさらに代を重ねていくと聞いている。金関先生が私たち後輩に残された贈り物であり、大きな宿題でもある。

ともあれ、過去の調査・研究が時代の波と無縁でなかったことは確かである。私たちはそれらの事実と真摯に向き合い、反省し、そして前に進んでいくしかない。今を生きる人類学者としては、人骨の発信する事実に、正直に、誠実に、とことん向き合い、そのメッセージを未来に伝えることでしか過去を乗り越えることは出来ないように思う。問題になっている琉球人骨は沖縄の歴史で大きな画期とされるグスク時代の謎を解く鍵となる可能性がある。沖縄の人類史を語る貴重な証人であり、その歴史を子孫へと語り継ぐための貴重な資料である。

筆者は、沖縄の人骨調査を通して、おそらく1000人を超える貴重な沖縄の先人たちと向き合い、語り合い、そして、多くを教わってきた。本連載をお引き受けした時に一番の目標としたのは、先人たちと向き合う楽しさ、先人たちの知恵を人骨から読み解く楽しさをお伝えすることだった。過去からのメッセージには私たちの知らない知恵と勇気が詰まっている。本書から少しでもそんな思いが伝わっていればこれ以上の喜びはない。

最後に、これまで沖縄の人骨調査でお世話になった多くの皆様、県内各地の教育委員会の皆様、そして本書刊行に際しご尽力いただいた琉球新報社、新星出版の皆様に心からの謝意を表します。

土肥　直美
（どい・なおみ）

1945年、熊本県出身。九州大学理学部生物学科卒業。専門は形質人類学。1992年から2010年まで琉球大学医学部解剖学第1講座准教授。風葬人骨の調査を皮切りに沖縄で出土する人骨の調査と形質分析を数多く行う。2010年から始まった沖縄県立埋蔵文化財センターによる石垣島白保竿根田原洞穴遺跡の調査に参加し、旧石器時代人骨の発掘と分析に携わっている。共著に「沖縄人はどこから来たか」（ボーダーインク）など。

沖縄骨語り
人類学が迫る沖縄人のルーツ
新報新書［9］

2018年3月16日　初版第1刷発行
著　者　土肥　直美
発行者　富田　詢一
発行所　琉球新報社
〒900-8525
沖縄県那覇市天久905
電　話（098）865－5100
発　売　琉球プロジェクト
印刷所　新星出版株式会社

ISBN978-4-89742-221-3　C0221
定価はカバーに表示してあります。